敬教育才

刘旺林　著

湖南大学出版社
·长 沙·

内 容 简 介

　　本书以作者耕耘教育三十年的亲身体验和丰富实践，把如何教育、引导、激励子女、学生、团队成员更好的成长、成才、成功，以及如何优质高效做好学生和教学管理的一些典型案例、成功经验总结提炼成册。全书分为"立德树人""心声感悟""管理培训""学习心得""交流探索"五个部分，可为广大家长和从事教育事业的人员提供可借鉴、成效好的教育理念和方法，对提升思想政治教育质量和提高管理水平具有很强的针对性、实效性、指导性。

图书在版编目（CIP）数据

敬教育才 / 刘旺林著 . 一长沙：湖南大学出版社，2022.9
ISBN 978-7-5667-2601-8

Ⅰ. ①敬… Ⅱ. ①刘… Ⅲ. ①教育—文集 Ⅳ. ① G4-53

中国版本图书馆 CIP 数据核字（2022）第 152846 号

敬教育才
JING JIAO YU CAI

著　　者：刘旺林
责任编辑：张佳佳
印　　装：湖南旭诚印务有限公司
出版发行：湖南大学出版社

开　　本：787 mm×1092 mm　　1/16　　印　张：14.5　　字　数：280 千字
版　　次：2022 年 9 月第 1 版
印　　次：2022 年 9 月第 1 次印刷
书　　号：ISBN 978-7-5667-2601-8
定　　价：45.00 元

前言

岁月不居，时节如流，我自1992年入职教育战线，至今已三十载。一直以来，我时刻以当好人民教师为荣，忠诚于党的教育事业，谨记国家的培养恩情，牢记父母的谆谆教诲，无时无刻不以争做社会有用之人警诫自己，务必遵纪守法，恪尽职守，爱岗敬业，始终以"庶竭驽钝、躬耕勤作，脚踏实地、精益求精"的态度和作风勤勉工作，力争为学校和社会的发展贡献自己的绵薄之力。作为教育工作者，我一直坚信"学生是我们的根基所在、职责所在、情怀所在、希望所在、成就所在"，把"学生至上、爱生如子"的情怀装满自己的心，视学生的成长、成才、成功为自身最大的荣耀，言传身教、为人师表，情真意切地引导和激励学生，力求学生能前途似锦、大有可为。

在平时的工作中，本人倍加珍视与同事和谐相处、砥砺前行的深厚情谊，总想以自己率先垂范、殚精竭虑、务实高效的工作态度，去引导、激励、带领团队教师共同进步，共创团队辉煌。

在漫长的教与学、管理与服务的过程中，本人撰写了在教育子女、学生管理、团队建设等方面的一些感悟和心得体会，并一直保存在电脑中，闲暇之余偶尔翻阅，感觉还是有点借鉴价值的，遂萌生收集整理的念头，一是总结自己辛勤耕耘教育事业三十载的点点滴滴，二是想凭借自身微不足道的经验，来帮助更多后来者在从教过程中能得到一些启发。我期待在做大做强我们神圣的教育事业过程中，能发挥自己的一丁点光与热。有鉴于此，汇成此书。粗文拙作，登不上大雅之堂，仅供诸位茶余饭后随意浏览，以期在不经意间给人带去些许感悟和启发。时间仓促，阅历浅薄，加之水平有限，如有不当之处，敬请批评指正。

敬教育才

管理培训编

学习心得编

交流探索编

立德树人编

你的光芒给人温暖，你的指引更利于别人前行。

斗志昂扬信心满满，方可一路高歌
习惯良好提高效率，定能梦想成真

——孩子考上名校后的教子心得

前言

　　儿子今年高考不负众望，以优秀的成绩考入北京大学，全家人都感到无比高兴，亲朋好友纷纷向我们送来祝福。在此，我谨代表全家，向所有亲朋好友对孩子和全家的关心支持表示衷心的感谢，祝愿你们开心快乐，阖家幸福！

　　孩子能够金榜题名，得益于他自身的刻苦努力和老师的谆谆教诲，得益于亲朋好友的关心爱护。站在家长的角度来说，虽然孩子的成长或多或少受到我们的影响，朋好友们要我传授些教子的方法和经验，实在有些惶恐，因为自认为只是做了些应该做的事情，没有多少高深的教育理论和教育方法，比起很多成功的家长，只能说是相形见绌。我虽有些微不足道的教子心得，但唯恐登不上大雅之堂。亲朋好友高估本人，寄予厚望，认为能培养出这么优秀的孩子，我一定有自己的一些心得和体会。基于亲朋的厚爱，我在此将教育孩子的一些亲身体会分享给大家，以表达我对大家的感激之情。

　　俗语说："尺有所短，寸有所长。"孩子能取得优秀成绩，主要得益于其在学习方面方法得当。实际上，我们每个人的孩子都很优秀，只是在兴趣、爱好、特长等方面有所不同而已。我们周围有很多孩子虽没有考上名牌大学，但同样大有作为，我们都应为自己的孩子感到骄傲。但话又说回来，孩子在学习阶段，其学习成绩的好坏，决定着他今后是否能有一个良好的教育平台，是否在走向社会时有一个较高的起点。成绩虽不是起决定作用，但有时也非常重要。望子成龙，望女成凤，大多数家长都希望自己的孩子能学习成绩优秀，考上名牌大学。基于这样的常理和做家长的殷切之心，我遂对引导孩子取得优秀成绩的方法作一些总结，以供各位家长在教育孩子时参考。

孩子承载着我们的荣誉和希望，从孩子出生起，我们的大部分精力都倾注到了孩子身上。随着孩子长大，我们希望孩子各方面都优秀，希望他健康活泼、聪明伶俐，多才多艺、成绩优秀，等等，真是集万千期望于一身。如果孩子能做到这般优异，父母会感到非常骄傲。我的孩子虽不是十全十美，但我认为其从总体上来说还是比较优秀的。孩子优秀，我们做父母的没少付出心血，虽然很累，但更多的是高兴和欣慰。回想起孩子的成长经历，促使孩子登上学习成绩突出、综合表现优秀的荣誉殿堂，我认为可能得益于以下几个方面的引导。

一、理想斗志的培养很重要，要善于从小、从细节、从他的亲身体验去引导激发

"理想是石，敲出星星之火；理想是火，点燃希望之灯；理想是灯，照亮夜行之路；理想是路，引你走向黎明。"帮助孩子树立人生理想，能够点燃他们内心深处主动求知的火焰，能够点燃他们自发学习的心灯，能够照亮他们攀登书山的路途，能够引导他们走向学业成功的黎明！

相较于理想，我更看重的是激情斗志。一百个梦想不如一次行动，远大的理想没有激情斗志去执行，没有脚踏实地去创造，是不可能实现的。因此，我们家长要多培养孩子的斗志。

1. 用高远的理想、昂扬的斗志，激发孩子全力以赴地去奋斗

理想和斗志是前进的指路明灯，是鼓舞孩子奋斗的风帆。当孩子心中立下远大的理

想，心中有昂扬的斗志，他就会为了实现理想而积极主动地学习，矢志不移地奋斗。

家庭是孩子生存的第一空间，父母则是他们的第一任老师，父母的教育方法在很大程度上影响着子女的成长。作为家长要知道，引导孩子从小树立远大理想和昂扬斗志，有时比学习知识更为重要。远大的理想和昂扬的斗志是孩子日后成功的基点，能促使孩子积极调动全身潜能，主动地去求知和探索。家长应从小教导孩子要目光远大、斗志昂扬，要做一个有价值的人，过有意义的生活。不能只想着给孩子灌输知识，想尽办法开发其智力，提高其学习水平，而忽略了对子女的理想斗志教育，最终结果可能会顾此失彼。那么作为家长，该怎样去激发孩子的理想和斗志呢？

有一首民谣，叫作《凡人与神仙》：

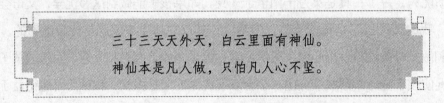

三十三天天外天，白云里面有神仙。

神仙本是凡人做，只怕凡人心不坚。

这首民谣中"神仙本是凡人做，只怕凡人心不坚"的思想，成了我教子成才的一个重要法宝。古往今来的伟大人物原本就是普通孩子成长起来的，天才和常人之间并不存在不可逾越的鸿沟，坚定的信心和昂扬的斗志是"凡人"做"神仙"的基础。

"神仙本是凡人做"的思想，不仅催生了孩子们对"神仙"的向往，有利于孩子编织童年的梦，而且无意间也培养了孩子的自信：别人能做到的，我也能做到；别人不能做到的，我也要去争取。永远不要消极地认为什么事情是不可能的，一个人相信自己能够做到，他就比别人多一点成功的可能，相反，自己不自信的事情，想要实现便会难上加难。

"只怕凡人心不坚"的思想，则使孩子懂得了"凡人"和"神仙"的区别，就是能不能用昂扬的斗志和持之以恒的态度去奋斗。

"吃得苦中苦，方为人上人"的思想，则告诉孩子：没有眼前的拼搏奋斗，理想只会化成泡影，将来无论哪行的"神仙"还是"状元"都当不成。家长可以结合古今中外名人成功的事例告诉他们：冠军的奖杯里盛满的是苦练的汗水，科学家的发明证书上凝结的是奋斗者的心血，要想获得超人的成就，就要付出超人的劳动。

　　同时，我们在引导孩子树立远大的理想目标时，除了用"高大上"的典型事例和先进人物进行引导外，我认为更有效的是通过亲身体验来引导孩子树立斗志，虽然有时候看起来较为浅显，但由于是孩子的切身体验，收到的效果会很好，因为教育成功的关键是"要使孩子有触动，更多是感动，最好是行动"，这样的教育，会对孩子产生深刻影响，使孩子得到心灵的净化提升。如果只是说教式的教育，仅仅灌输一些空洞的大道理和说辞，孩子很难得到启发，更谈不上付诸行动。作为家长，我们在教育孩子时，一定要精心设计教育的方式方法，但不能让孩子觉得是刻意为之，不然他们会对此产生反感。正确的做法是要润物无声和顺其自然，最终方能达到水到渠成的良好效果。比如，前些年我们家因为经济拮据，一时买不起车，每次带孩子回老家，都是挤公交车和大巴车，并且还要进行几次换乘，旅途比较辛苦。有一次，恰逢一同学回家，我们就顺路搭乘了他的车，整个旅途又快又舒适，孩子很是高兴，并且很羡慕地表示如果我们家也有辆车该多好。我顺势就跟孩子表示，如果他读书努力、成绩好，能考上好的学校，不用多交钱，就可以为家里节省很多钱，再加上爸爸妈妈努力工作，多挣些钱，过两三年也争取买辆车。孩子当场就很高兴地表示自己一定努力，争取考上好的学校。果然，从那以后，孩子的斗志好像更足了，干劲也更大了，后来通过自己的努力考上了市一中，而作为父母的我们也通过一两年的努力，买了一辆代步车，孩子一直引以为豪。

　　又比如，孩子小学时很喜欢看电视、玩游戏，每当看电视或玩游戏时都会沉迷其中。孩子正在兴头上，若此时我们强行去制止，孩子的对立情绪就会高涨，久而久之会越来越叛逆。针对此种情况，我们要转换方式去引导。有一天，我特意在孩子高兴时以买好东西为由带他去集贸市场，早上6点和晚上6点各去一次，两个时间段都看到集贸市场的同一对卖菜夫妇在卖菜，我两次都特意与他们打了招呼。下午离开市场后，我问孩子："他们有没有时间看电视玩游戏呢？"孩子说应该很少。我问为什么，孩子说："他们想多挣点钱，起早贪黑，早出晚归，一直坚守摊位，应该没有时间玩。"我问孩子："你以后就去搞个摊位卖菜可以吗？"孩子说他不想，我追问为什么，孩子表示他们那样很辛苦，风吹日晒，无论天寒地冻还是高温酷暑，都要在这里工作，休息时间很少。我又问道："他们想不想做这份工作呢？为什么他们不得不待在这里呢？"他思索了一下说："他们应该也不想，可能是当年没有机会多读书，没有其他方面的技能，只好做这么辛苦的工作吧。"针对此事（本人绝没有看不起卖菜这份工作，每一份工作都光荣，只是感慨辛苦程度不同罢了），孩子通过亲身感受加以思索分析，教育效果更加显著，这对其树立远大理想，并能以实际行动认真学习所起到的促进作用定然不小。

有时，作为家长的我们可以在不经意之间，向孩子倾诉自己的苦恼。做父母的有时要学会示弱，甚至还可以多点"天真"，表现得"像个孩子"。耐心听取孩子对问题的看法，虚心接受孩子的建议指导，让他在明辨是非、分析判断的过程中去领会如何看待和解决问题，家长要以此去换取孩子的理解和赢得孩子的尊重。我们时常会在工作中碰到各种烦心事，心中的苦闷有时无法形容，但我们不能把这种怨气发泄到孩子身上，而是要等内心平静后再与孩子进行闲聊，将其作为反面教材说给孩子听。或者，将身边具有教育意义的事件作为家庭谈资，有意而又表现为无意地去说与家人听，以获取孩子的理解，让孩子了解人在社会上很多时候会备受委屈、寸步难行，使他明白一些做人的责任和道理。

我经常听有些家长抱怨孩子叛逆，自己很无奈。我认为这是家长对孩子的教育引导没有用心、到位的结果。当孩子叛逆时，家长必须精心设计和导演一些"情景剧"，来使孩子的角色发生转变，承担起家庭和谐稳定、进步发展的责任，使他体谅父母的难处，理解父母的艰辛。我曾指导过一个孩子很叛逆的家长自编自演了一场教育孩子的"情景剧"：在合适的一天，父母提前商量并设计好，父亲下班时特意留在办公室加班，也可以选择去锻炼身体，然后告知孩子自己临时有重要的工作要去处理，或假装在单位受了误解，被领导批评甚至处罚。情节可信度要高，不能让孩子有半点怀疑，要让其以为确有其事。下午吃饭时，母亲故意要孩子打电话叫父亲吃饭，父亲则故意挂断电话。直到晚上，孩子上完晚自习到家后，父亲再回家。父亲回到家时，母亲则当着孩子的面数落父亲的不是，如不关心孩子学习，很晚才回家，等等，两口子有节制地"小吵一架"，等孩子出来看或来劝解时，父亲则主动去厨房热饭吃，当着孩子的面狼吞虎咽，表明确实是工作原因才导致这么晚了连饭都还没有吃，孩子一定会心生感触，父亲借机向孩子倾诉心中因为工作受到的委屈，向孩子表达自己的不容易，表示需要孩子来安慰自己。此时，孩子感触更深，能从心底里理解父母。通过几次这类"情景剧"的触动启发，孩子真的发生了很大的变化，有了的责任感和担当意识，自律感明显增强了，最后考上了985名校。

总之，教育的落脚点是要有效果，效果的表现是要让孩子有真正的触动，只采用说教、责骂的方式是达不到好效果的，最好是通过让孩子有切身体会的事情去感化他，采取

"润物细无声"的方法去滋润和浇灌他，他才会从内心深处得到启发。这样的案例很多，关键是家长要多留心，并恰到好处地进行引导，这对帮助孩子培养和保持积极进取的斗志是很有效果的。

2. 激发孩子的理想斗志，还要注重培养孩子的自信心

信心是进取心的支柱，是培养孩子独立学习能力的心理基础。自信心对促进孩子健康成长和各方面能力的发展，都有十分重要的意义。好孩子是激励出来的，激励是青少年奋发向上的原动力，它能使懦弱变为坚强，使自卑变为自信，使消沉变为激昂。所以，我们家长要学会运用各种形式的激励技巧，多赞许、少责备，激起每个孩子积极向上的热情，促进孩子全面发展。

重视与保护孩子的自尊，有助于提高孩子的自尊心。有高度自尊心的孩子，对自己所从事的活动充满信心；而缺乏自尊心的孩子，不愿参加集体活动，认为没人爱他，缺乏自信。因此，家长平时要多创造培养孩子自信心的环境，让孩子在潜移默化中自信起来。

有一个故事，对我的育子方式产生了很大的影响。一位母亲第一次参加家长会，幼儿园的老师说："你的儿子有多动症，在板凳上连三分钟都坐不了，你最好带他去医院看一看。"回家的路上，儿子问她老师都说了些什么？她鼻子一酸，差点流下泪来。因为全班30位小朋友，唯有他表现最差；唯有对他，老师表现出不屑。然而，她还是告诉她的儿子："老师表扬你了，说宝宝原来在板凳上坐不了一分钟，现在能坐三分钟了。其他的妈妈都非常羡慕妈妈，因为全班只有宝宝进步了。"那天晚上，儿子破天荒地吃了两碗米饭，并且没让她喂。等到儿子上小学了。家长会上，老师说："全班50名同学，这次数学考试，你儿子排第49名。我们怀疑他智力上有些障碍，您最好带他去医院查一查。"回家的路上，她流下了泪。然而，当她回到家里，却对坐在桌前的儿子说："老师对你充满了信心。他说了，你并不是个笨孩子，只要能细心些，很快就会超过你的同桌，这次你的同桌排在第21名。"说这话时，她发现，儿子黯然的眼里一下子充满了光，沮丧的脸也一下子舒展开来。她甚至发现，儿子温顺了，好像长大了许多。第二天上学，他去得比平时都要早。孩子上了初中，又一次家长会。她坐在儿子的座位上，等着老师点她儿子的名字，因为之前每次家长会，她儿子的名字在差生的行列中总是被点到。然而，这次却出乎她的预料，直到家长会结束都没听到。她有些不习惯。临别，去问老师，老师告诉她：

"按你儿子现在的成绩，考重点高中有点危险。"她怀着惊喜的心情走出校门，发现儿子在等她，她扶上儿子的肩膀，心里有一种说不出的甜蜜，她告诉儿子："班主任对你非常满意，他说了，只要你努力，很有希望考上重点高中。"高中毕业了。在第一批大学录取通知书下达的日子，学校打电话让她儿子到学校去一趟。她有一种预感，儿子被清华录取了。因为在报考时，她跟儿子说过她相信他能考取这所学校。儿子从学校回来，把一封印有"清华大学"字样的特快专递交到她的手上时，突然就转身跑到自己房间里大哭了起来。儿子边哭边说："妈妈，我一直都知道我不是个聪明的孩子，是您……"这时，她悲喜交加，再也按捺不住十几年来凝聚在心中的泪水，任它滴落在手中的信封上。

心理学大师弗洛伊德曾指出："受到母亲无限宠爱的人，一辈子都保持着征服者的感情，也就是保持着对成功的信心，在现实中也经常取得成功。"上述案例对我启发很大，案例中所说的道理就是家长要对孩子多用心、多鼓励，帮助孩子树立自信心，这样孩子才不会自暴自弃，才能不断积极进取。我有时也会想方设法地去提升孩子的自信。孩子读小学时，我就跟他说过，爸爸妈妈工作单位不是很好，家庭也不是很富有，但也有很多人羡慕我们，说我们有一个聪明帅气、成绩优秀的孩子，我希望他能一直把这份骄傲留给爸爸妈妈。听到我们说这些话时，孩子就像长大了许多，我们明白，他是想用自己的努力保护父母，他身上的责任感和使命感很强烈，有一种一定要为爸妈争光的斗志。现在孩子考上了北大，我还是希望孩子继续努力，我对孩子说："你是在别人和父母的赞美声中长大的，你是爸爸妈妈的骄傲，相信你进入大学后一定雄心不灭、斗志不减，能以优异成绩完成大学学业"。

总之，作为家长，我们在严格要求的基础上，要尽可能地采取多种方式去教育孩子，多表扬、少批评孩子，用爱去培养和保护孩子的自尊和自信。比如，在家中展示孩子的作品（画作、手工等）或所获奖励（奖状、奖杯、奖牌等）。不要总拿自己孩子的缺点跟别人孩子的优点比较，这对孩子不公平。家长正确的做法应该是：拿孩子跟他自己的过去比。只要孩子这段时间有进步，就应该为他感到高兴。充分挖掘孩子身上的闪光点，帮助他们正确认识自我，鼓励他们发展个性，发挥特长。只有这样，孩子才会越来越自信，越来越有斗志。

二、良好习惯、严明纪律的培养很重要，要通过以身作则、严格要求、榜样对比来树立

习惯是一种看不见的力量，是在不知不觉当中养成的，孩子学习成绩的好与坏，不仅与孩子的先天素质有关，更重要的还与孩子的学习习惯有关。俗话说："与其给孩子金山银山，不如教给孩子好习惯"。对孩子来说，良好的学习习惯，有利于激发学习的积极性和主动性；有利于形成学习策略，提高学习效率；有利于培养自主学习能力，培养创新精神和创造能力，并使其终身受益。在这个竞争激烈的时代，家长都希望自己的孩子将来能在社会中"成龙""成凤"。为了孩子的健康成长和终身幸福，家长需高度重视孩子良好学习、生活习惯的培养。不少家长只关注孩子每天认多少个字、背多少首诗、做多少道题，对培养孩子的好习惯却不加重视。他们看见孩子边吃零食边看书，边玩边做作业也视而不见，听而不闻，孩子最终养成了学习不专心的习性。他们不知道的是，培养孩子的好习惯比每天教孩子认多少字、背多少诗更重要。为此，总结了一首习惯三言短诗：

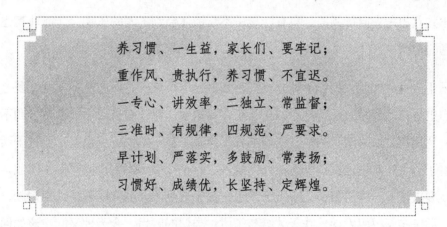

> 养习惯、一生益，家长们、要牢记；
> 重作风、贵执行，养习惯、不宜迟。
> 一专心、讲效率，二独立、常监督；
> 三准时、有规律，四规范、严要求。
> 早计划、严落实，多鼓励、常表扬；
> 习惯好、成绩优，长坚持、定辉煌。

第一，要养成定时专心学习的习惯，要特别重视学习效率的提高。

学习是一项艰苦的脑力劳动，只有专心致志、全神贯注才能提高学习效率，取得良好的成绩。为使孩子养成专心致志的学习习惯，父母必须认真地看待孩子学习这件事。孩子上学以后，有条件的父母就得给孩子准备一张书桌，或者适合孩子学习的专用区域，决不能让孩子今天趴在床上应付，明天又在椅子上凑合。此外，规定孩子做作业和学习的时段，在这个时段，全家人都要安静下来，不要大声谈话、聊天或者闲聊，不要看电视。在这段时间里也不做令孩子分心的事，如打扑克、搓麻将等，免得激起孩子的好奇心，分散他的注意力。除此之外，不要一会儿问孩子学校的事，一会儿批评孩子书包弄得太脏、文具放得不整齐，等等，尽量给孩子创造一个安静的学习环境。家长们最好是坐下来做些没有声响的工作。每天要孩子在规定的时间内完成作业和学习，绝不能无限期地拖沓，一定要讲求效率，不能任凭孩子将半个小时该做完的作业拖到一个小时甚至两个小时，以免孩子产生"磨洋工"、厌烦学习、丧失学习兴趣等情况。如果孩子提前完成学习任务，在征得孩子同意后，可适当进行一些其他方面的知识学习，孩子完成后，就可以允许他看电视，玩游戏等，他就会因此产生乐趣和成就感。总之，效率是我们首要看重的，提高学习效率可以节约很多时间，能更好地提升孩子思维的敏捷性，养成良好的行为作风。

第二，要养成独立思考、独立完成的习惯。

教孩子学会思考，首先要让孩子"生活在思考的世界里"。这就要求家长在教育过程中能创造条件并激发孩子思考。要让孩子在对事物进行观察比较、分析综合、抽象概括、推理判断的过程中，掌握思考方法。思考的方法，单凭认真听讲是听不来的。思考的方法要靠孩子独立思考去自行领悟。只有让孩子不断地体会到思考的乐趣，才能让其逐渐养成独立思考的习惯。

孩子不会写的作业，我们不能立刻把答案直接告诉孩子，而应从多角度、多方面去引导他们自主思考。经常有妈妈抱怨，孩子正在写数学作业，看见最后一道数学题不会做，急忙喊："妈妈，快来帮我的忙，这道题我不会做了！"妈妈听见后，走到孩子面前，拿起题目看了一下，然后告诉孩子应该如何解答。孩子按照妈妈所说的写完了作业，高兴地与伙伴玩耍去了。这样的事情几乎天天发生，孩子遇到不会的问题就找妈妈帮助，逐渐成了习惯。后来孩子妈妈发现，昨天才给孩子讲过类似的题目，今天他又问应该如何解答。她这时才意识到直接告诉孩子答案有些不妥，而是应该让孩子先进行独立思考，再引导他进行解答，这样孩子才会印象深刻，进而记住解题思路。

总之，每个父母都要尽早培养孩子独立思考的能力。从生活上的事情开始，让孩子多动手，多参与；父母决定什么事情，也要多征求孩子的意见；孩子做错了事，父母应进行引导，告诉孩子应该如何去做才能更好；保护孩子的好奇心，鼓励孩子对未知事物进行探索；孩子钻牛角尖时，让孩子学会多角度考虑问题；等等。

三、注重辅导的方式和方法，提高孩子自主学习的能力

做一个好学生必须要有学习责任感，而独立且按时完成学习任务是有学习责任感的具体表现。一个好学生到了该学习的时候，就应该暂停次要工作，主动投入到学习当中去，应该自己完成的作业决不让别人代劳。

孩子刚入学时，自制力差，还没养成良好的学习习惯，一时难以做到，这就需要父母严格给予督促和指导。不管孩子提出什么理由和借口，当天的作业必须当天完成，决不允许拖到第二天。如果孩子做作业中遇到困难，父母可以给其讲解和启发诱导，鼓励孩子自己去克服困难，找到答案。父母不能包办代替，因为孩子需要掌握知识、发展智力、培养不怕困难的坚毅精神，只有通过独立思考、独立工作，孩子才能逐渐领悟更多知识。

在孩子学习时，我们一定要注意辅导的方式和方法。如果孩子有不会做的题，我们要思考如何去分析已知条件和所求问题的关系，如何去找到解题的突破口等，并从这些方面去引导他。最常见的方法是找类似的题为其讲解，再让他自己完成不会的题。同时，不要搞题海战术，而要做精做新。每做完一道题，要注重总结和反思，由孩子自己归纳总结出解题的方法和技巧，最好能写成口诀的形式，以达到举一反三的效果。针对如何指导孩子解题并提高学习成绩，总结为以下口诀：

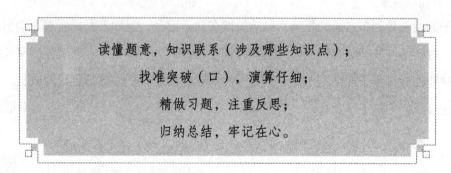

读懂题意，知识联系（涉及哪些知识点）；

找准突破（口），演算仔细；

精做习题，注重反思；

归纳总结，牢记在心。

到高中时，大部分父母已无法再辅导孩子的学习了，因为此时我们在很多科目的理解方面已不如孩子。但我们应尽可能检阅孩子每次考试时的试卷，看看孩子错在哪里，然后去找一些这方面的题目让孩子进行巩固；或是找一些其他名校较好的新题目要他去做，节省他自己去找题目的时间。这样做对提高孩子的学习成绩或多或少有些帮助。

四、保障孩子的生活质量，增强孩子的家庭责任感

孩子要读好书，必须要有健康的体魄和合理的营养，因此父母做好后勤保障，确保生活质量也很重要。这既是孩子身体健康成长的需要，也是一种家长对孩子关心爱护的表现，更是一种责任感的体现，对孩子增强家庭责任意识、学会尊重和理解父母的良苦用心也会起到较大的作用。孩子能取得好的成绩，考上较好的大学，父母的功劳也不可忽视。孩子从读小学开始，一日三餐，我都精心准备，经常是早上六点左右就起床，早早地跑去菜市场买好新鲜菜肉，要么煮三鲜面，要么做炒粉，要么做饺子等，每天尽可能不重复，既做到品种多样化，又兼顾新鲜营养，孩子很喜欢吃。到了中午，如果是在我们夫妻二人上班都不能回家的情况下，我就会在早上买好他喜欢吃的菜，炒好菜，蒸好饭，孩子回家自行加热一下就可以吃。我们这样做，一方面，孩子很少会到外面吃，在家吃得放心，营养搭配得好，所以孩子长得较为高大壮实，精力充沛，我认为这对孩子的学习有较大的帮助；另一方面，父母这样尽心尽责为他做好后勤保障，十年如一日，孩子会体谅到父母的关心和浓浓的爱意，会从心底产生一种要为父母争光的动力，也就会促使他不断努力进取。所以我认为做好后勤保障，既是增强孩子健康体魄、保持旺盛精力的需要，也是一种引导和教育孩子奋发进取、创造佳绩的有效方式。各位家长应尽可能克服困难，做好这一点。

孩子的成长受到多方面的影响，虽然关键在孩子自身，但如果家长能够正确引导，因材施教，对孩子的成长定有裨益。我撰写此篇心得，只为抛砖引玉。期望各位家长能高度重视，并能在教育孩子的问题上做一些更好的探索，帮助我们的孩子更好地成长、成才、成功。祝福我们的孩子学业有成、前程似锦！祝福我们的家庭开心快乐，美满幸福！

2016年9月26日

明晰责任，学会为人处世
勇于担当，力争再创辉煌
——孩子十八岁生日寄语

儿子，你好！再过几天就是你的十八岁生日，首先爸爸妈妈祝你生日快乐，永远健康！在这个即将步入成年期的重要时刻，爸爸妈妈在想，以前每年的生日，你都在爸妈的身边，虽然没有特别的仪式和礼物，但总归有个心意的表达。但这个生日是你远赴北大求学后，第一次不在爸妈身边的生日，这更是一个标志着你成为男子汉、长大成人的生日。为此，我们总想着给你一个特殊的礼物，但思来想去，总不知什么较好，最后还是觉得写上几句心里话，更能表达我们对你的无限念想和期望。

蓦然回首，往事历历在目。十八年前，伴随着一声啼哭，你来到了爸爸妈妈的生命当中。你的到来，相伴着的是爸爸妈妈一辈子的喜悦和希望。在爸爸妈妈的精心呵护下，你从一个嗷嗷待哺的小不点儿，健康快乐地成长为一个英俊帅气的大小伙子。你自小聪明可爱、活泼大方、纯真帅气，成绩优秀又自信上进，很为我们争光争气。很感谢你的陪伴和用心，你是上天赐给我们的宝贝，你是我们最大的财富，你是我们一生的骄傲和自豪！

十八岁，你将不再是可以躲在父母羽翼下任性的孩子，你将成为一只可以遨游天空的雄鹰，你将告别幼稚走向成熟，克服依赖走向独立，减少任性走向担当，人生众多绚丽多彩的风景等待着你去欣赏，事业、爱情、家庭这幅色彩斑斓的大画卷等待着你去描绘。成年，意味着你将告诉世界，也要告诉自己，你已经长大，已经站在人生的又一个新的起点上，你要做好承担责任、独自拼搏的准备，也好让父母放心地将你放飞。

十八岁，青春洋溢的花样年华；十八岁，风华正茂的宝贵年华；十八岁，亦是承载着希望和梦想、承载着期望和责任的重要时刻。祖国的希望、父母的期盼和自身的幸福都要你独自去承担。在你即将踏上一个更广阔的舞台，开始一段全新的征程之际，爸爸妈妈在此向你承诺我们永远是你坚强的后盾，家永远是你最温暖的港湾。作为父母，我们希望你能恪守以下几点。

第一，要高唱健康快乐的主旋律。健康的体魄、快乐的生活是我们遨游天空、在人生舞台拼搏的基石，是我们生生不息、永创辉煌的动力。你要多锻炼身体，保持强健的体魄；要身心愉悦，快乐自信地面对一切。平时多唱唱歌、打打球，参加一些有意义的社团活动，丰富自己的校园文化生活。虽然前路会有一些风雨险阻，会有一些挫折失意，但只要你健康快乐，相信什么问题都会迎刃而解，生活也会充满幸福和阳光。

第二，要发扬拼搏进取的奋斗精神。你一直以来都是积极进取、勇于拼搏的好孩子，是一个极富斗志和激情的好学生，现在能进入一流学府学习深造，爸妈希望你信心不减、目标不减、斗志不减、毅力不减，以精益求精的态度去进行专业技能的学习，成为行家里手，这是我们在社会工作生活的根本，也是为国家社会做出贡献、实现自我价值的保证。

第三，要培养成熟稳重的处世风格。有人说，智商高的人被录用，情商高的人被重用。虽然这话过于绝对，但也说明了为人处世的重要性。社会大舞台，需要每个人确立正确的人生态度和思考方法，增强应对各种人生挑战的心理承受能力，什么时候都要注重安全防范，凡事应该三思而后行，什么事做得，什么事做不得，一件事怎样才能做好，等等，都要衡量后再抉择；要具有抵御诱惑的能力，具有辨别真伪对错的睿智，善于观察，独立思考，那是你获得真理的必经之路；要懂得爱惜自己，懂得尊重他人，不卑不亢，学会乐观对待生活，学会感恩，学会欣赏，学会宽容和忍让，学会正确的取舍，这些是你生活快乐的源泉。总之，既要有高端的智商，又要有高超的情商，这样的你才更强大。

孩子，我此前常说，你是在爸爸妈妈精心的护养下，以及为你感到骄傲的自豪声中长大的，现在爸爸妈妈最大的心愿，是希望你健康快乐、生活幸福。爸爸妈妈衷心希望你在担当中能够调整压力，在奋斗中用心掌握方法，在积极进取中快乐生活，把握生命的每一天，用自己的睿智、豁达、自信、坚强，积极进取，去开创自己的美好未来。祝你一帆风顺、前程似锦！

永远爱你的爸爸妈妈

2017年5月

誓做优秀学生 争当杰出才俊

——新生入学教育宣讲稿

鲜花因汗水而绽放，学业因拼搏而高升。同学们，你们满怀远大的理想，带着父母亲的期盼，怀着对大学生活的憧憬，经过高考中的一番顽强拼搏，如今顺利进入了大学继续学习深造，我要对你们付出努力并收到良好的效果表示赞许，祝愿你们在大学这个新阶段生活愉快，学业有成，学到过硬本领，成为优秀的青年才俊。

同学们，大学是我们人生中非常宝贵的一个时期，值得大家拥有，更值得大家珍惜。如何把我们的大学生活过得丰富多彩？如何在这段时期确保我们能增长才能？如何成为社会上的有用之才？今天我以"誓做优秀学生，争当杰出才俊"为主题与同学们谈谈心，把自己的一些体会和感想分享给同学们，希望能在成长前行的道路上为你们提供指引和帮助，期待你们一帆风顺，前程似锦！

一、志存高远才能不断进步，斗志昂扬方可阔步前行

"理想和斗志是前进的指路明灯，是鼓舞我们奋斗的风帆"。纵观古今中外，凡是有成就的人，哪个不是抱有远大理想：马克思有理想，才会为人类的幸福而献身；贝多芬有理想，才会扼住命运的咽喉，创造出伟大的音乐；牛顿有理想，才会"站到巨人的肩膀上"；鲁迅有理想，才使锐利的思想穿透历史的天空，化作永恒；周恩来有理想，才会为

中华之崛起而读书；中国共产党人有理想，他们不惜抛头颅，洒热血，才会让曾经饱受欺凌、一穷二白的中华民族强大起来。

案例一：为中华之崛起而读书

12岁那年，周恩来离开家乡，来到了东北，进入了东关模范学校读书。当时的东北，是帝国主义列强在华争夺的焦点，国家山河破碎、民不聊生，老百姓深受列强的欺凌侮辱，国家和人民没有半点尊严。年少的周恩来看在眼里，急在心里，暗暗立下了要振兴中华的远大志向。

一天的修身课上，学校魏校长向同学们提出一个问题："请问诸生为什么而读书？"

同学们踊跃回答。有的说："为明理而读书。"有的说："为做官而读书。"也有的说："为挣钱而读书。""为过上好日子而读书"……

周恩来一直静静地坐在那里，没有抢着发言。魏校长注意到了，打手势让大家静下来，点名让他回答。周恩来站了起来，清晰而坚定地回答道："为中华之崛起而读书！"

魏校长听了为之一振！他怎么也没想到，一个十二三岁的孩子，竟有如此抱负和胸怀！他睁大眼睛又追问了一句："你再说一遍，为什么而读书？"

"为中华之崛起而读书！"

周恩来铿锵有力的话语，博得了魏校长的喝彩："好哇！为中华之崛起！有志者当效周生啊！"

是的，少年周恩来在那时就已经认识到，中国人要想不受帝国主义欺凌，就要振兴中华。读书，就要以此为目标。

从那以后，周恩来始终坚守初心，矢志不渝地坚守"为中华之崛起而读书"的理想和誓言，不管是在内忧外患、血雨腥风的战争年代，还是在百废待兴、艰难困苦的新中国刚成立时期，一直为新中国的建立和兴旺发展呕心沥血，忘我工作，身先士卒，鞠躬尽瘁。正是因为有了明确的奋斗目标和远大的理想，周恩来成了新中国第一任总理，更成了一位倍受人民敬仰的时代伟人。

案例二：《命运交响曲》

贝多芬是世界著名音乐家，也是命运悲惨的一个音乐家。贝多芬的童年非常艰辛，家庭贫困，父母失和，使得贝多芬形成了严肃、孤僻、倔强和独立的性格，但他心中蕴藏着强烈而深沉的情感。他12岁起开始作曲，14岁便参加乐团演出，领取工资补贴家用。到了17岁，母亲病逝，家中只剩下两个弟弟，一个妹妹和已经堕落的父亲。不久，贝多芬得了伤寒和天花，几乎丧命。贝多芬简直成了苦难的象征，他的不幸是一个孩子难以承受的。尽管如此，贝多芬还是挺过来了。他对音乐酷爱到离不开的程度。在他的作品中，有着他生活的影子，既充满高尚的思想，又流露出对人间美好事物的追求、向往，面对美丽的大自然，他有抒发不尽的情怀。

说贝多芬命运不好，不光指他童年悲惨，实际上他最大的不幸，莫过于28岁那年的耳聋，从此，他孤独地过着聋人的生活，全部精力都用于和耳聋苦战。贝多芬活在世上，能理解他的人太少了，而唯一能给他安慰的只有音乐。他作曲时，常把一根细木棍咬在嘴里，借以感受钢琴的振动，他用自己无法听到的声音，倾诉着自己对大自然的热爱，对真理的追求，对未来的憧憬。他著名的《命运交响曲》就是在完全失去听觉的状态中创作出来的，它的主题反映的是人类和命运搏斗，最终战胜命运。贝多芬坚信着，"音乐可以使人类的精神爆发出火花"，音乐可以令人"顽强地战斗，通过斗争去取得胜利"。

通过上述两个案例，我们可以深刻地体会到：有了理想斗志，才会有"为有牺牲多壮志，敢教日月换新天"的万丈豪情；有了理想斗志，才会保持"黄金百战穿金甲，不破楼兰终不还"的坚定决心和磅礴气势；有了理想斗志，才会有"有志者，事竟成，破釜沉舟，百二秦关终属楚；苦心人，天不负，卧薪尝胆，三千越甲可吞吴"的顽强毅力；有了理想和斗志，才会拥有"长风破浪会有时，直挂云帆济沧海"的美好明天。

一个人，特别是青年学子，如果没有树立起远大的理想，就像航行的船只没有了航向，人生就不会有明确的目标，只能浑浑度日，具体表现为：手机游戏不离手、集体活动不关己，学习上课不用心、身心素质日下降，空有一副好皮囊、才华技能空荡荡。

同学们，我们正处在一个激情四射的时代，一个青春飞扬的时代，我们一定要深刻地认识到：美好的明天要靠我们自己创造，我们一定要有对自己负责、对家长负责、对祖国和人民负责的态度。志存高远，立鸿鹄之志，坚定理想。砥砺奋斗，荡起理想双桨，扬起责任风帆，破浪前行，开拓进取。放飞青春梦想，展现学子风采，不负青春韶华，实现人生价值！

二、端正态度方可拥抱成功，严明纪律才能走向完美

案例三："三个石匠盖房子"的故事

三个石匠都在做同样的事——给一座房子砌墙，有人问三个石匠他们在为什么忙碌。第一个愁眉苦脸地回答："没看见呀，我在砌墙，唉——累死人了。"第二个平平淡淡地回答："我在盖一座房子。"第三个石匠回答时目光炯炯有神："我在建造一座雄伟的艺术殿堂！"

十年后，结果如何？第一个石匠手艺毫无长进，依然在砌墙；第二个石匠成了工程师；第三个石匠成为了建筑大师，同时也是一家建筑公司的技术总监。

你眼前看见的是什么，你就会成为什么样的人，人生态度决定了人生高度。同样的事情，对应了三种回答，反映了职场中的三种态度和境界：工作、职业、事业。第一个石匠对待工作毫无感情，"做一天和尚，撞一天钟"；第二个石匠对待工作缺乏热情，只把工作当成一种谋生的手段；第三个石匠，不仅热爱自己的工作而且充满激情，同时朝着这个目标不懈努力，希望有一天能干出一番事业，取得理想的成绩，正是这种目标明确的态度激励着他不断努力，不断实现自我、实现理想，最终造就了他的成功。

经典故事告诉我们，不同的工作态度会带来不同的结果。有一句话很好地阐明了态度的重要性：态度决定思维，思维决定行动，行动决定效果，效果决定命运。

态度是我们做好事情的关键，无论什么时候我们都要树立正确、积极、坚定、有力的态度，这样心中才会充满正能量，充满信心、充满力量、充满希望，才会不畏艰难，主动寻找办法，才能不断地克服困难。

你改变不了环境，但可以改变自己；你改变不了事实，但可以改变态度；你改变不了过去，但可以改变现在；你不能控制他人，但可以掌握自己；你不能样样顺利，但可以事事尽心；你不能左右天气，但可以改变心情；你不能选择容貌，但可以展现笑容。知识经济时代带给我们的不仅是科学技术和生活水平的提高，更多的是观念的进步，如果我们不

能与时俱进，实时更新观念，就会离时代越来越远，被时代远远地甩在后面。因此，适应时代需要，改变工作态度，让我们从现在开始。

有了正确的态度，还必须具备严明的组织纪律。严明的纪律是一个团队越来越强大的基础，严明的纪律是工作、事业走向成功和胜利的保障，严明的纪律是每个人变得成熟完美的基本要求。俗话说，"无规矩不成方圆"，纪律是做好一切事情的保障，没有纪律的约束，许多事情都很难做好。如果没有纪律，社会何以安定有序？如果没有纪律，国家何以繁荣昌盛？如果没有纪律，我们何以迈向成功的大门？无数的事例证明，万物的生成发展，社会的和谐进步，人类的成功幸福，都离不开严明的纪律。

案例四：大雁飞行的方式

春天，大雁排成一字或人字形，从南方飞向北方；秋天，大雁排成一字或人字形，又从北方飞回南方。年复一年，它们总是这样，摆着雁阵飞来飞去。你知道大雁为什么会排成这般整齐的雁阵吗？在人们看来，这是一道很壮观的风景，整齐、有序，事实上，大雁摆成这种阵型飞翔，能够减少空气中的阻力，为自己节省力气，并最终顺利到达目的地。从这件事情可以看出，大雁为了能安全顺利地到达目的地，运用团队的力量，不断调整队形，整体井然有序，每只大雁都自觉地按照这个队形飞行，既帮助了别人，自己也获益良多。

案例五：邱少云的故事

革命烈士邱少云同志的英勇事迹是一个典型范例。1952年10月中旬，在金化以西391高地的反击战中，邱少云所在的连队奉命于晚上潜伏在敌前沿阵地60余米的草丛中，随时准备配合进攻。12日上午，敌机向其所在的潜伏区进行低空扫射，并投掷燃烧弹，飞进的火花，翻滚的热浪，灼烧着邱少云的全身。为了不暴露潜伏部队，邱少云任凭烈火灼烧却始终纹丝不动。他将双手深深地插进泥土里，身体紧紧地贴着地面，直到被大火吞噬，壮烈牺牲。邱少云为什么能烈火烧身而不动摇呢？这在于他具备了高度的组织纪律观念。这是何等崇高的精神！他的英雄事迹告诉我们：严明的纪律，是成功的保证，是胜利的保证！

纪律，是构成忠诚、敬业、战斗力和团队精神的基础，特别是对一个组织而言，每个成员都有自己的思想和行为，因而要避免每个人思想和行为的干扰。作为团队组织要步调一致，纪律的约束不可或缺。如果组织没有纪律保障，就会变为一盘散沙，成员各行其是，各自为战，我行我素，最终就会失去整体战斗力。只有纪律严明的组织才能迸发强大的凝聚力，才能锻造坚强的战斗堡垒。有一首革命军歌唱得好："纪律中有我，纪律中有你，纪律中有无穷的战斗力"，只有当一个组织和他的成员都具备了强烈的纪律意识，组织才会朝着健康的方向发展，团队才会越来越好，组织成员的素质才会得到相应的提升。

作为学校，如果没有校规校纪，整个学校就会陷入一种无序的状态，同学们的学习生活就不能正常进行。比如，在课堂上，虽然迟到、早退、旷课、说话、走动，甚至玩手机、吃东西的人是少数，但对这些行为若不加以制止，课堂就不能有序进行下去，受到损害的将是大多数同学；在宿舍里，熄灯以后，哪怕有一两个人说话或做其他事情，其余的人就没法休息，受影响的同学们第二天就没有精力上课。诸如此类的事情对学生集体造成了不小的影响。从这些方面举例，是希望同学们务必严格遵守纪律。请同学们谨记纪律的重要性，在校园要服从老师的管理。请不要抱怨老师的课堂要求，适当的压力有利于身心健康；请不要误解老师对你们的批评，因为除了你们的父母，老师是最在乎你们的人；请不要抵触老师对你们的约束，因为无原则的自由和放纵，会让你们今后付出高昂的代价；请不要挑战老师的道德底线，学习中的诚信是不能讨价还价的。

遵守纪律是一种尊重，是一种美德，更是一种责任。同学们，当我们获得成就和荣誉的时候，当我们取得成功和胜利的时候，愿同学们已养成文明守纪的习惯，与纪律同行。在实现理想的过程中，亦要与纪律同行。井然有序的纪律会令我们的生活更加自由，会让我们攀登的脚步更加坚定，会让我们的人生更加灿烂辉煌。

三、刻苦学习方可改变命运，增长才干才能成就未来

案例六：自强人生路

一篇叫《自强人生路》的通讯稿介绍了一个重度残疾人——陈卫，他在家人、党和政府的关心和社会各界的关爱下，始终以乐观自信的态度面对一切困难，坚持用知识改变人生、创造美好生活，并最终用知识回报社会，成了社会发展所需的人才。其先进事迹感人至深，他以自强自立的精神和对知识的追求，找到了人生支点、实现了自己的人生价值。

敬教育才

陈卫的人生观、价值观值得大家学习和深思。

陈卫是天津市河北区的一名重度残疾人，对于陈卫来说，人生起点是那么的无情和残酷。刚满一周岁时，他就不幸患上重症小儿麻痹，导致脊柱严重弯曲，成了一个截瘫的残疾人，从此再也离不开轮椅。随着时间的推移，逐渐懂事的陈卫知道，自己的肢体永远无法像正常人一样了，只有在学习知识上他才跟别人没什么两样。在艰难的人生旅途中，他总是以乐观向上、自信豁达的态度直面人生。"我要成为对社会有用的人，决不做家庭和社会的累赘。"他不甘心赖在父母身上，也不情愿躺在政府身上。

1971年，小陈卫实现了他的入学愿望，并在求学过程中克服了许多常人难以想象的困难。升入中学后，他如痴如醉地学习外语，高中毕业时，他的英语考试成绩是满分。正当他满心欢喜地期望进入正规大学深造时，考前体检击碎了他的梦想，那种失望像针一样刺痛了他的心。在大家的开导下，他顽强地挺住了身躯，重新鼓起希望。"这么活，我不甘心。"他说，"只有知识才能弥补身体的缺陷，让我把握自己的命运。""我决不能成为别人的累赘、社会的负担"。他坚定地选择了自学成才这条道路，通过艰难的三年求学之路，取得了大专毕业证书，同时荣获了天津市首届职工自学成才奖。

1986年，陈卫凭着自己的能力和实力，被天津制线厂破格录用，在厂工程师室从事英语翻译和科技情报工作。当时，他是全市纺织系统唯一摇轮椅上班的职工。他风雨无阻，每天坚持八小时埋头工作，同事们关心他、照顾他，但他绝不搞特殊。由于长时间坐在轮椅上，他的下半身长满了褥疮，可他强忍着钻心的疼痛不声张，他要用行动证明自己。为了熟悉纺织设备和工艺，他经常穿梭在各车间，细心观察工人师傅的操作，把各道工序的机器性能和工作原理记在笔记本上反复钻研。翻译中每逢遇到专业性较强的技术术语，他都要查阅大量资料，一丝不苟地研究和推敲一词一句的确切含义，每次他都能出色地完成任务。有一次，厂方与苏丹国洽谈技术转让项目，为使谈判顺利进行，他连续两天两夜没怎么休息，把《苏丹鼓励投资法》译成中文，又把向外商提供的《关于苏丹兴建缝纫绣花线厂的可行性报告》译成英文。工作过程中，由于在桌子上写字太吃力，他就干脆趴到床上，用枕头垫着胸部，双肘支撑着身体进行翻译。翻译时字典不离手，热汗不离身。这些资料，就是专业机构也得花费一个星期才能译出来，而陈卫只用了两天就交出了一份令人满意的答卷，令苏丹客人惊羡不已。

1992年，他光荣地加入了中国共产党，同年又被评为天津十佳残疾青年。8年时间，他为生产科研单位翻译英文科技资料累计40万字，大部分成了企业研发新产品的重要依据。他挤时间、抢时间，又令人吃惊地接连闯过了世界语和日语这两道语言难关，成了单位难得的人才，为单位做出了重大贡献。

陈卫的动人事迹告诉我们：知识可以改变人生，技能可以创造幸福，知识和技能可以成就未来。

通过上面案例，相信大家更能深刻地体会到以下道理：

> 努力读书，不一定能挣很多钱，却可以看见更大的世界；
> 努力读书，不一定能大富大贵，却能有更多的选择机会；
> 努力读书，不一定能成为成功的人，
> 却能不断地走向成功。

不要抱怨读书苦，因为不读书的人生才苦。同学们，珍惜大学美好时光，认真学习，努力学好专业技能，主动提升自己的综合素质，只有这样，今后的人生才会真正的光彩夺目。

四、学会为人方可行稳致远，学会责任担当才能自立自强

陶行知先生说"千教万教，教人求真；千学万学，学做真人。"要成才，先学会为人处事，也是这个道理。同学们初来乍到，来自五湖四海，有的还是第一次离开父母，远离家乡，重新融入一个新的大家庭。同学们相聚在一起是极大的缘分，因此要珍惜同学之间的感情，学会与人相处，与新的环境相处，做一个和善宽容的人，做到讲文明、有礼貌，尊重理解他人，真诚对待他人。和谐的人际关系使人开朗、热情、坦诚，并因此滋生友谊；不和谐的人际关系使人情绪低沉，轻者产生孤独、空虚、焦虑、恐惧等情绪，重者产生多疑、嫉妒、敌对、攻击等心态和行为。我们一定要学会关心，学会分享，学会合作，只有这样，我们的工作、学习、生活才能够事事顺手，时时顺心，我们才会在共同成长中保持身心健康、心情愉悦，生活会因此充满阳光，学习会因此充满乐趣，前程会因此更加

美好。

学会做人的另一个重要方面就是要做一个有责任感的人。责任感是一个人安身立命的根本，责任心是一种担当，一种约束，一种动力，一种魅力。一个人只有具备责任心才能够实现自己的承诺，才能够正视困难勇往直前，才能够得到别人的尊重，树立高尚人格。比尔·盖茨曾对他的员工说："人可以不伟大，但不可以没有责任心。"责任感是员工成功的支点，是使公司真正走向成功的基石。一个有责任感的人是值得信任的人，是值得托付的人。有责任感，才能自立自强，敢于承担责任的人，才会是迈向成功的人。

同学们，我们正处于不断学习和成长的阶段，树立起强烈的责任感，我们才能学好本领，才会深受欢迎，才会搭建属于自己的平台，才会不断地走向成功。我们要对自己负责，明白自己基本的责任是学好本领。从现在起，培养良好的品德，以便将来能自立于社会，为社会做出贡献，而不是成为社会的负担。如果一个人对自己都不能负起责任，那就谈不上对国家、对社会、对集体、对他人、对家庭承担什么责任。有些同学认为读大学就是来玩的，终日不思进取，厌学混学，追求吃喝玩乐和轻松自在的生活，逃避严格而紧张的学习；有些同学则是迫于家长的压力不得不上学，在课堂里是"人在教室心在外"，时常沉迷电子游戏而逃学厌学；等等。这些都是对自己缺乏责任感的表现。等到步入社会，才发现自己没有用武之地，不能有较好的发展，往往就会生出"白了少年头，空悲切"的感叹。

其次，我们要对家庭和集体负责。在家中，父母为养育我们付出了艰辛的劳动；在学校里，老师为教育我们呕心沥血；在班级中，同学们尽心尽力帮助我们。故而我们要有感恩之心，以自己的优秀表现来回报父母、老师、同学们的关心和关爱。再者，我们要对国家和社会负责任。"天下兴亡，匹夫有责"，我们要担当国家兴旺大任。富有社会责任感是中华民族的优良传统品质，我们青年学生是祖国的未来，是国家的希望，是党和人民事业的生力军，是实现伟大中华民族复兴中国梦的强大力量。"中华民族伟大复兴，绝不是轻轻松松、敲锣打鼓就能实现的。"当代青年要自觉承担起中华民族复兴中国梦的历史使命，要敢试敢为，敢做先锋，发挥能动性、积极性、创造性、主体性，努力学习科学文化知识，加强思想品德修养，不断增长能力才干，成为本领高强、素质过硬的青年，发扬初生牛犊不怕虎的精神，同时要做好付出更为艰巨、更为艰苦的努力的准备，做好手胼足眠、艰苦奋斗的准备，我们要知难而上，勇于创新，顽强拼搏，为实现自我价值，为实现祖国繁荣富强、中华民族的伟大复兴贡献自己的智慧和力量。

同学们，我们即将开启一段新的征程，进入一个新的阶段学习深造。新的征程开启新的希望，新的征程承载新的梦想。大学是我们学习生涯最后的驿站，是我们塑造灵魂、修炼品行、苦练本领、增长才干的重要时期。大学绝不是象牙塔，也不是伊甸园，因此同学们必须要有清醒的认识，必须保持"行程万里，初心依旧；追梦远方，使命不改"的斗志，希望你们将以下五个要点牢记于心：

> 一要理想崇高、信念坚定，在行动中爱国、爱党、爱校；
>
> 二要发奋学习、苦练本领，在学习中成长、成才、成功；
>
> 三要纪律严明、以身作则，在工作中创先、争先、领先；
>
> 四要身心健康、开心快乐，在生活中自信、自立、自强；
>
> 五要艰苦奋斗、求真务实，在实践中敢为、能为、有为。

希望大家以梦想为岸，以拼搏作帆，以奋斗划桨，誓做优秀学生，争当杰出才俊，成为一名真才实学、品学兼优的社会人才，在浩荡的时代东风中乘风破浪、扬帆远行！

珍惜集体荣誉 加强团队合作

——2011年度，湖南省普通高校大学生思想政治教育特色建设项目演说词

同学们，我曾经看到过这样一个故事：黄昏时，洪水如同暴虐的猛兽，撕开了江堤，一个小院子转瞬成为一片汪洋。远处有一个小黑点正顺着波浪飘过来，当它靠近时方才看清，竟是一个足球大小的蚁球！仔细一看，黑乎乎的蚂蚁密密麻麻地团在一起，随波漂流。只要能靠岸，蚂蚁就能得救了。但是不断有小团的蚂蚁被大浪拍开，像铁器上的油漆片儿被剥离开去。终于，蚁球靠岸了，一层层散开，蚁群迅速地冲上堤岸，它们顺利登陆了。但水中仍留下了不小的一团蚁球，那是底层英勇的牺牲者，它们再也爬不上来了，但它们的尸体，仍然紧紧地抱在一起。我们从没看在眼里、放在心头的小小生灵，竟有为了集体勇于献身的大无畏精神。作为人类的我们，听了这个故事又作何感想呢？

无论是一个国家，还是一个民族、一个集体，甚至是一个人，没有精神力量是不行的。一个前进的国家，总有一种奋发向上的精神；一个发展中的民族，总有一种积极进取的意志；一个强大的集体，总有一种根深蒂固的集体荣誉感，这些都是团队持续健康发展的有力保证。

集体荣誉感是一个团队的灵魂，是团队奋发向上、蓬勃发展的推动力，是团队振奋精神、激励斗志、团结一心、艰苦创业的助推器，是增强团队向心力、凝聚力和战斗力的精神力量。拥有集体荣誉感的团队，才有活力和号召力，团队成员才能招之能来，来之能战，战之能胜，无坚不摧。

这，就是团队的力量！这，就是我们需要的团队精神！

一个缺乏集体荣誉感的团队注定是散沙一盘，是没有希望的团队，只有具备集体荣誉感和团队合作精神的集体，才会在思想认识上一致、在政治方向上一致、在工作目标上一致，真正做到思想上同心同德，目标上同心同向，行动上同心同行，正因如此才能齐心协力，心往一处想，劲往一处使，产生无穷的力量。俗语说的"人心齐，泰山移"就是这个道理。

中国有句古话说得好，"千人同心，则得千人之力；万人异心，则无一人之用。"意思是说，如果一千个人同心同德，就可以发挥超过一千个人的力量，但如果一万个人离心离德，那恐怕连一个人的力量也比不上了。

一个没有集体荣誉感的员工，是不可能成为一名真正意义上的优秀员工的。因为拥有集体荣誉感的员工，会顾全大局，以集体利益为重，绝不会为个人私利而损害公司的整体利益，他们甚至会为了集体利益不惜牺牲自身利益。他们知道，只有公司强大了，自己才能有更好的发展，他们明白"皮之不存，毛将焉附"的道理。如果一个员工对自己的工作有足够的荣誉感，对自己的集体引以为荣，他必定会生出极大的工作热情。事实上，往往是那些有集体荣誉感的员工才敬业爱岗、踏实肯干，才有可能被真正地委以重任。具有集体荣誉感的人，在任何一个集体中都会受到欢迎和尊重。

有了集体荣誉感，才会敬业。具有集体荣誉感的员工普遍具有强烈的责任心，集体荣誉感可以激发人们在集体中的归属感和责任感，使人们更加珍惜和热爱自己的本职工作，以做到尽职尽责、敬业爱岗。也只有这样，员工才能自觉地不做任何与履行职责相悖的事，不做那些有损企业形象和企业名誉的事。

有了集体荣誉感，才会有进取心。具有集体荣誉感的员工渴望在自我修炼中成长，团队能因他们形成比、学、赶、帮、超的良好氛围，各团队成员也能因此提高自我约束、自我完善、自我发展等良好意识。

有了集体荣誉感，才会有合作。集体荣誉感能增强团队协作力，有了集体荣誉感，工作才会不分分内分外，工作起来才能互相协作，紧密配合，相互支持、相互补台。因为目标一致，才会维护集体的荣誉，为集体增光。反之，则会出现面对工作，人人作壁上观，斤斤计较，不配合、不协作的局面。

有了集体荣誉感，才会去修炼。"修"即学习，"炼"即实践。有了集体荣誉感，人才会更有上进心，才能像海绵吸水一样不断学习，才能"吾日三省吾身"，常知不足而进取。具有集体荣誉感的人，通常是道德品格高尚的人。他们会更多地为别人着想，而不是活在一己私利之中，凡事都能多替他人着想，多替集体着想，这样的人心胸宽广，自己也更愉悦。

集体荣誉感可以创造荣誉，荣誉则可以让个人获得更大的回报。事实上，只要我们尽职尽责、努力工作，工作也会给予我们心理上的满足，回馈我们丰收的果实。可以说，团队精神已经成为企业核心竞争力必不可少的重要组成部分。在努力工作、创造成绩、保持荣誉的过程中，个人也不知不觉地融入了集体之中，并通过集体这棵枝繁叶茂的大树，获得更好的发展。有首歌唱到："公社是棵常青藤，社员就是藤上的瓜。瓜儿连着藤，藤儿牵着瓜，藤儿越肥瓜越甜，藤儿越壮瓜越大"，说的就是这个道理。

同学们，我们是中华民族的儿女，是党的希望，我们应团结一心，共同建设集体，不做损害他人、损害集体的事，拥有团结集体及一颗为他人着想的心。"如果你想走得更远，请和大家一起走"，成长的路、求学的路都很漫长，在这段漫长的道路上，单凭我们个人的力量是不够的，还需要集体，需要团结，这样我们才能走得更远。"一根筷子容易折，一把筷子难折断"，证明了团结的重要。"一花不成春，独木不成林"，则说明单靠个人的力量，始终不能造就集体的成果。偏离团体且没有团结之心的人，会变成一个孤僻的人；远离集体的人，将会成为一个不善于与他人交流，没有集体主义精神的人。集体的力量是无穷的，它可以帮助我们实现个体无法完成的事；团结的力量是伟大的，团结常伴左右，会使我们在成长之路、求学之路上走得更远。

团队精神是建设一个美好集体的必要条件。一个具有团结精神的人，会懂得如何去建设一个美好集体，会为他人着想，为集体着想。对于一个班级而言，集体荣誉感能帮同学们心往一处想、劲往一处使，形成一种合力，并最终成为一个具有极强凝聚力和竞争力的班级。如果同学们时刻关注着自己班级的各方面表现，时刻想着为学院、系部、班级争光，做到人人有事做，事事有人管，使班集体成为大家共同的家，这便是一个集体荣誉感强的班级。平时出黑板报，有资料的拿资料，有颜料的带颜料，会画画的画画，字写得好的誊写文章；出操时，能够做到静、快、齐；看到垃圾时，随时有人弯腰捡起；等等。同学们要时时、处处展现责任感，将"为班级争光"作为大家的共同目标，这样一来，我们的工作就会高效地完成，并且取得很好的效果。

同学们，我们从五湖四海相聚于此，是缘分和共同的信念把我们凝聚到了一起，只有每一位同学都具备了集体荣誉感和团队合作精神，大家才会融入集体，融入班级这个大家庭，同学们才能和谐相处，才会包容和气，才会懂得分享、谦让和关爱他人，才有力量为班级做贡献，我们的班集体才会是充满温馨和活力的班集体。

同学们，七个简单的音符，可以谱写出生命的乐章；横竖撇捺折几个基本笔画，流传出了华夏大地几千年的璀璨文明。一滴水是渺小的，但汇聚成大海，便是一番宏伟壮阔；一个人是渺小的，但汇聚成集体，便能声威大震，势如破竹。让我们记住：集体主义精神是永恒的，是永不过时的！

让我们携手共创充满人文关怀的、人人得以参与其中的良好集体氛围，让每个同学都能在这个集体中得到提升，让每个同学的良好习惯都能在这个集体中养成，让每个同学的金色梦想都能从这个集体中放飞！如果每位同学都热爱自己的班集体，愿意为班级贡献力量，我们的学院、我们的人生就会因爱而谱写出更绚丽的篇章。最后，我以一首小诗来与同学们共勉：

如果我是一棵草，那集体就是碧绿的草地；

如果我是一棵树，那集体就是茂密的森林；

如果我是一滴水，那集体就是无边的海洋；

如果我是一个音符，那集体就是美妙的乐章。

因为集体，我用生命衬托出春意；

因为集体，我用躯干挡住了狂傲的风沙；

因为集体，我拥有托起万吨巨轮的力量；

因为集体，我唱出了生命的光华。

我不伟大，伟大的是集体，是集体给了我力量，是集体给了我毅力，是集体给了我勇气，是集体给了我腾飞的双翼。

爱我们的集体吧！爱我们的学校吧！

树立正确的世界观、人生观、价值观，以实际行动争做大有可为的社会有用人才

——2011年度，湖南省普通高校大学生思想政治教育特色建设项目演说词

同学们，十年寒窗苦读，经历了六月的洗礼、七月的选择、八月的收获，大家肩负着家庭和亲朋的重托，肩负着母校老师和同学的期望，怀着激动的心情跨入了大学的校门，并随即开始了丰富多彩、青春向上、探索积累、明德立志、修身养性、勤奋进取的大学生活。不知不觉中，我们已经步入了人生的一个重要阶段——大学。这一阶段，是我们知识和技能提升的重要阶段，更是我们世界观、人生观、价值观逐步完善并成熟的重要时期。作为大学生，大家未来担当着祖国兴旺发达和社会进步的重任，我们成为什么样的人，既关系到自身的前途和命运，更关系到祖国的未来和希望，因此，每一位同学都要珍惜在校学习的机会，树立远大的理想，树立正确的世界观、人生观和价值观，以实际行动争做大有可为的社会人才。世界在不断进步，社会在不断发展，如何才能成为一名与时俱进的合格大学生呢？我认为每一位同学都必须做到以下几点。

一、要珍惜大学时光，以实际行动使自己成为德才兼备的人才

大学时期，诸位的人生理想将在这里萌生，美好的生活将从这里开启，这不仅是因为

大学是大部分人一生中系统化学习的最后一站，是青年学生迈入社会的一个重要前提，而且是因为大学几乎已经成为一个人发展的起点。毫无疑问，大学即将开创大学生人生发展的新时代，这一阶段是大学生人生发展的重要阶段。

大学生们由于身体各项机能的健全和成熟，总觉得浑身有使不完的劲，并体验到了自身青春的活力，深信自己的能力，感觉没有任何力量可以阻止自己前行。这个群体血气方刚、精力旺盛，对未来充满了信心，并且能够勇往直前，克服困难和不利条件，去完成前人未竟的事业。大学，无疑是人生发展的高峰期。

大学阶段是增长知识和学习技能的最佳时期。大学生正处于智力发展的鼎盛时期，无论是记忆能力、认知能力，还是思维能力和创造能力，都处于发展的黄金时期。大学阶段还是一个人个性及心理品质逐步成熟的时期，也是大学生社会情感得到充分发展的时期。大学为大学生的成长和发展创造了良好条件。人生能有几回搏，诸位正值黄金时期，更应珍惜当下时光。

二、要树立远大理想，保持坚定信念

理想和信念，是促使一个人不断奋斗的力量源泉，更是推动社会进步的强大动力。

同学们，我们是祖国未来事业的生力军和接班人，承担着继往开来、迎接挑战，推动中国走向世界强国之列的历史使命，肩负着"振兴中华，实现民族伟大复兴"的重大责任。要实现中华民族的伟大复兴，使中华民族屹立于世界民族之林，不是单靠几个人才就能实现的，而是需要全体社会成员同心协力方能完成。作为未来事业的接班人，我们每一位大学生都要竭尽所能，为社会作出自己的贡献，才无愧于自己的历史使命。每一位同学都要志存高远，坚定"成为理想远大、热爱祖国的人，成为追求真理、勇于创新的人，成为德才兼备、全面发展的人，成为视野开阔、胸怀宽广的人，成为知行统一、脚踏实地的人"（江泽民同志在庆祝清华大学建校90周年大会上对大学生提出的"五点希望"），做到"坚持学习科学文化与加强思想修养的统一，坚持学习书本知识与投身社会实践的统一，坚持实现自身价值与服务祖国人民的统一，坚持树立远大理想与进行艰苦奋斗的统一。"

未来是诱人的，但走向诱人的未来这一过程是艰辛的；理想是美好的，但实现美好的

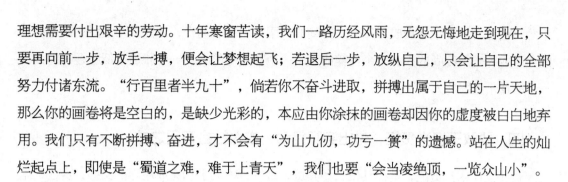

理想需要付出艰辛的劳动。十年寒窗苦读，我们一路历经风雨，无怨无悔地走到现在，只要再向前一步，放手一搏，便会让梦想起飞；若退后一步，放纵自己，只会让自己的全部努力付诸东流。"行百里者半九十"，倘若你不奋斗进取，拼搏出属于自己的一片天地，那么你的画卷将是空白的，是缺少光彩的，本应由你涂抹的画卷却因你的虚度被白白地弃用。我们只有不断拼搏、奋进，才不会有"为山九仞，功亏一篑"的遗憾。站在人生的灿烂起点上，即使是"蜀道之难，难于上青天"，我们也要"会当凌绝顶，一览众山小"。

同学们，理想是我们通往成功的阶梯，理想是点起前行之路的明火。我们正处在这样一个激情四射的时代，一个青春飞扬的时代，让我们化责任为理想，化理想为行动，然后荡起理想的双桨，扬起责任的风帆，同舟共济，破浪前行，展现学子风采，奉献青春智慧！

三、要树立正确的世界观、人生观、价值观

人生，是一个漫长的奋斗过程，更是大学生施展才华，展现自我的大平台。作为大学生，我们只有树立起正确的世界观、人生观和价值观，才能在复杂的社会生活中明辨是非，不偏离、不迷失，才能不断端正我们的人生态度，才能被引领着以积极的姿态和良好的精神面貌去迎接每一个挑战，并克服人生路上的困难，才能正确地认识和处理个人、集体和国家之间的利益关系，把个人理想融入共同理想，把个人的奋斗汇入振兴中华的伟大实践中。

首先要培养高尚的道德情操，学会做人。"大学之道，在明明德，在亲民，在止于至善。"大学教育，归根结底是要教会我们做人。希望每一位同学立大德、立大志，与社会同步，与时代同行。以诚待人，以责人之心责己，以恕己之心恕人。对他人要抱着诚挚、宽容的胸襟，对自己要怀着自我反省、有过必改的态度。

其次，要践行社会主义荣辱观。社会主义荣辱观汇聚了中华民族的传统美德，同时注入了时代的特点和实践的要求，这使得社会主义荣辱观充满生机和活力，富有民族性、感染力和吸引力。其不仅包含着爱国主义、集体主义的世界观、人生观和价值观，而且还具体到一个人的教养、人格、品行、胸襟等。把社会主义荣辱观落到实处，行之有效的办法是从身边事、眼前事、平凡事做起，在细微之处明善恶、辨美丑，知荣而为之，知耻而

不为，让社会主义荣辱观成为每个人行动的指南针。只有这样，才能成为毛泽东同志所说的："成为一个高尚的人，一个纯粹的人，一个有道德的人，一个脱离了低级趣味的人，一个有益于人民的人。"

四、要敢于担当责任，付出实际行动，成为社会有用之才

责任是什么？责任，是在其位，尽其责，做好分内的事和完成应尽的义务；责任，是敢于承担自己所犯的过失和错误；责任，是李离（春秋时期晋国官员）在发觉自己审判失误枉杀人命后，将自己正法以捍卫刑法的决绝。

那我们当代大学生的责任是什么？首先，应当是心中具备"天下兴亡，匹夫有责"的责任感和使命感。无责任无以为人，无责任难以立国，责任是我们中华民族生生不息、屹立不倒的精神丰碑，是中华民族耕耘灿烂文明的良田沃土！数千年来，中华儿女不断用责任创造着奇迹，用责任推动着历史文明的发展：大禹治水，三过家门而不入，其大公无私的精神被后世传诵，流传至今；司马迁身受宫刑，强忍剧痛，其"穷天人之际，通古今之变"的"史家绝唱"何其恢宏；林则徐虎门销烟，铸我中华尊严，神情何其巍巍！因为责任，毛泽东指点江山，聚万众之心，开天辟地；因为责任，邓小平海纳百川，开启改革开放的大门；因为责任，中国共产党的领导者们继往开来，点燃中华民族伟大复兴之火……

今天，我们生活在一个如此美好的国家，我们无时无刻不在见证着党和政府的责任感、人民的责任感，无时无刻不为之自豪，为之感动流泪！

梁启超先生曾说过："故今日之责任，不在他人，而全在我少年。少年智则国智，少年富则国富，少年强则国强，少年独立则国独立，少年自由则国自由，少年进步则国进步，少年胜于欧洲则国胜于欧洲，少年雄于地球则国雄于地球。"今天，我们应当自觉成为有责任意识的人，我们是青年大学生，是祖国的未来和希望，肩负着建设祖国美好未来的重任。立志成为一个有责任感的人，认真学习，用知识武装自己的大脑；立志成为国家的栋梁之材，服务于社会，造福于人民。做一名负责任的大学生，用责任去创造一个更加辉煌的未来！

担当责任要付出实际行动，行动是最大的希望，行动是最好的证明。当责任落到我们的肩头，就应脚踏实地，求真务实。一方面，我们必须扎实掌握自身专业技能，拓展自己

的知识面，努力成为新时代的专才和全才大学生。在求学过程中，我们必须要诚实，"知之为知之，不知为不知，是知也。"要力戒学习过程中的虚华和浮躁。现在不少大学生性情浮躁，急功近利，不能静下心来读书学习，在校大部分时间用来谈恋爱、玩游戏，用在学习上的时间很有限，没有真才实学，毕业后很难找到工作，即使找到工作也难以胜任。另一方面，当代大学生应当言行一致，踏实做事，不断完善自己的道德人格，使自己成为思想道德的模范，遵纪守法的标兵，团结友爱的典型，刻苦学习的榜样，技能操作的能手。使自己做到：理想崇高、信念坚定，在行动中爱国、爱党、爱校；发奋学习、苦练本领，在学习中成长、成才、成功；纪律严明、以身作则，在工作中创先、争先、领先；艰苦奋斗、求真务实，在实践中敢为、能为、有为。

同学们，潮起正是扬帆时，祖国为我们规划了"争创一流、争创示范"的宏伟蓝图，呼唤着广大青年学生志存高远，树立正确的世界观、人生观、价值观，希望青年学生们树立坚定信念，确立伟大理想，脚踏实地、求真务实、开拓进取，以实际行动争做优良校风及学风的传承者，争做思想道德的示范者、学习工作的领跑者、和谐校园的创建者，为实现祖国的跨越式发展，为创建一个更加温馨、和谐、美丽的伟大祖国贡献自己的青春和力量！

珍爱生命、顽强生存、热爱生活

——2011年度，湖南省普通高校大学生思想政治教育
特色建设项目演说词

同学们，我们都怀揣着梦想，承载着父母的希望。我们通过自身的努力，顺利地进入大学开始了新的学习阶段，每个人都想通过大学生活提升自己的知识和技能，为将来打好基础，以期为社会做出自己的贡献。然而，在我们大学生群体中，仍有极少数的学生，在面对社会中强烈的挑战和竞争，以及各种复杂的困难和诱惑时，没有树立正确的人生观、世界观和价值观，没有抵御各种困难和诱惑的决心和信念，心灵脆弱，经不起任何风吹雨打，经不起任何挫折和失败，面对困难时，采取消极悲观的方式，充当了生命中的弱者和生活中的逃兵，令父母伤心、老师痛心、社会惋惜。

同学们，我们必须要知道：学习虽是人生中重要的事，但生命比学习更重要！一个人如果没有了生命，又何谈生活学习？又何谈改变人生、报效祖国？正因如此，我们每一位同学都应珍爱生命、顽强生存、热爱生活。

一、珍爱生命

人的生命只有一次。当你离开母体，发出一声清脆的啼哭，意味着一个生命降落人间，人世间又增添了一份宝贵的财富，同时也为你的家庭带来了欢乐。从出生的这一刻

起，多少人关注着你，期望着你长大成材。你不仅属于家庭，属于父母，你还属于社会，属于国家。人的生命是最为宝贵的，拥有生命才能创造财富，才能使世界变得更美好，才能去实现更高的人生价值。在数千年的中华文明历史长河中，人类用热爱生命的恒心，创造出了一条生生不息的生命之河。双耳失聪却能创作出世界名曲的贝多芬，轮椅上的科学巨人霍金，遭遇宫刑仍坚持作书的司马迁……他们都在向我们诉说着生命的真谛！是什么力量让他们变得伟大？是什么力量让他们自强不息？是生命！是生命那火一般的力量，让他们在于他们而言的不公平命运中奋起勃发。

既来到了这个世上，就应该让自己生命中的一切思想、情怀、品格盛开成三月里如诗如画的原野，在寂寥的人生路途上，用生命去唱一支热烈而动听的歌谣。这样，方能算得上是善待生命，不负韶华。

人的生命究竟有多长？谁也无法预料。医生只能测量肉体健康的程度，却难以预言生命的长度。人，生而老，老而病，病而死，生老病死乃是自然规律。无论是达官显贵、平民百姓，还是七尺男儿、纤纤女子，自古以来，谁都摆脱不了这条自然定律。我曾在医院里看到过被医生推出手术室的浑身插满管子的病人，也曾看到过在病榻上挣扎着与病魔作斗争的患者，那时候，我真切地感受到了生命的可贵。曾经有人这么说：比金钱更重要的是健康，比健康更重要的是生命。诚然，在生命面前，其他的一切都不值一提。

同学们，珍爱生命，要让自己的生命有所价值，要不断地充实自己、提升自己，为了人生的意义，为了生命的完美，你没有理由不努力，要让生命因奋斗而精彩！

珍爱生命，还要学会以一颗平常心对待生活，灵活调整自己的心态，平静地面对生活中的一切。要相信，人生没有过不去的坎儿。使"生如夏花之绚烂，死如秋叶之静美"，诗人泰戈尔这样解释人生。是啊，绚烂的花朵，带着朝露绽放在眼前，那是何等的美丽？何等的迷人？又是何等的撼动人心？生命，如果有了爱，有了道义，有了奉献，就能如花一般，灿烂芬芳。

二、顽强生存

人的生命只有一次，对于谁来说都是宝贵的。那我们应该怎样对待生命呢？从某种意义上说，生，要比死更难。死，只需一时的勇气；生，却需一世的信心。正因如此，顽强地生存方称得上是一种伟大，是对生命的尊重，更是对生命的珍爱。

顽强地生存，必须要掌握生存的技能和方法。生命是宝贵的，是美好的，但也是脆弱的。我们在社会中面临着诸多挑战：交通安全、心理健康安全、饮食卫生安全、消防安全、校舍安全、设施安全、危险品管理安全、内部保卫安全、师生各类活动安全、校园施工安全等，这些对我们的生存乃至生命构成了威胁，因此我们每一位同学一定要树立"高于一切、先于一切、重于一切、压倒一切"的安全防范意识，严格按照安全规程办事，并且要掌握好应对各种突发情况的安全救护措施。长鸣安全意识警钟，方能使我们的生命安全无虞。

顽强地生存，是要忠实于自己，真诚地寻求人生的意义。从赤条条地来到这个世界，再到一无所有地离开这个喧嚣的尘世，我们没有理由浪费自己的生命。我们必须对自己的生命负责，要成为自己生命的主宰，做自己生命的主人。让自己的生命充实起来！用渊博的知识、高尚的情操、严谨的作风和不懈的追求让每一天都变得精彩！作为大学生，我们必须树立坚定信念，确立伟大理想，刻苦学习、脚踏实地、求真务实、开拓进取，以实际行动争做优良校风及学风的传承者、做思想道德的示范者、做学习工作的领跑者、做和谐校园的创建者，为实现祖国的跨越式发展，为创建一个更加温馨、和谐、美丽的伟大祖国贡献自己的青春和力量！只有这样，我们生命才会意义非凡。

顽强地生存，就是要以一种坚韧不拔的意志去珍爱生命，以平和的心态去掌管我们的生命，即使遇上人生的暴风雨，也不要放弃，不要丢失信心。不要抱怨生命，而应心存希望和向往，迎接一个又一个雨后灿烂的太阳，请把每个黎明都看作是生命的开始，因为希望从来就没有消失过，只是需要我们去发现而已。

三、热爱生活

同学们，我们的身上寄托着父母、老师、祖国的希望，心中涌动着绽放、高飞、长大的热血。学生时代是学习知识、增长才干的开端，父母和老师都在竭尽全力地为我们创造优越的生活和学习环境，希望我们能茁壮成长，成为栋梁之材，处在如此优渥的环境和美好的生活中，我们应当像芝麻开花一般，节节高升。

有一句网络流行语写道：生，容易；活，容易；生活，不容易。的确，这就是现实生

活的真实写照。生活是一面镜子：你对它笑，它便会对你笑；你对它哭，它便会对你哭！热爱生活，才会被生活善待；热爱工作，才会被工作回报！若我们用快乐的笑容去迎接每一天，快乐将会时常围绕在我们的左右。若我们用乐观积极的态度去面对困难，生活便会张开翅膀拥抱我们。

珍爱生命，不仅要学会生活、享受生活、善待自己，还要学会放飞自我、让自己更贴近自然。生活中有许多有趣的事物值得尝试，踢踢球、上上网，与朋友去郊游，去小溪边钓鱼，去看看大海，去听听涛声，去爬喜欢的山，去看日出和日落，去看瀑布和飞鸟……那么多美好的事物等着我们去发掘，那么多开心快乐等着我们去体验。我们奔跑，我们跳跃，我们欢笑，我们歌唱，这一切的美好皆因有了生命。为了我们的梦想，为了父母的希望，更为了这个社会的和谐，我们都应当在校园生活中把握好自己的方向，让我们的青春无悔！

生命是根本，生存是桥梁，生活是目的，最终的责任是发展社会，繁荣祖国。我们这一代大学生，生在幸福里，长在红旗下，在这美好的环境下，我们更应珍惜时间、珍爱生命、学会生存、热爱生活和学习，要在科学的道路上不断地探索、前进，为祖国未来的繁荣昌盛贡献出自己的力量！

文明守纪 率先垂范

——2011年度，湖南省普通高校大学生思想政治教育
特色建设项目演说词

同学们，当你们报考学校时，你们和家长一定都希望报考的学校能具备环境优美、纪律严明、作风优良，学风浓厚等优点，大家觉得在这样的学校读书会感到骄傲和开心，会觉得能学有所成。

同学们，当你们满怀信心踏进校园，一定希望展现在自己面前的是洁净美丽的校园、宽敞明亮的教室，一定希望与自己相处的是文明守纪、团结友爱的同学，一定希望自己能在美丽的校园里健康、快乐的学习。可是，你们是否想过，和谐、文明、有序的校园环境，需要我们每一个同学去亲手创造，需要我们用自己的一言一行去努力实现。

人海茫茫，身处五湖四海的我们，相遇在此是件多么不容易的事情，是缘分和共同的信念将我们凝聚成了一个新的集体！我们这个集体要想有亲和力、向心力、战斗力，要想成为一个温馨、和谐、积极进取的集体，同样需要我们每一个同学去亲手创造，需要我们通过自己的一言一行去努力实现。那要怎样去创造和实现呢？这就需要我们每位同学自觉地遵守学校的组织纪律，以强烈的集体荣誉感规范自己的言行。

常言道："无规矩不成方圆"，各行各业都应将纪律和规章制度放在首要位置。捷克

大教育家夸美纽斯说过："学校没有纪律，便如磨坊没有水。"诚然，一个不遵守纪律的民族，必定是一个没有自由的民族；一个不遵守纪律的学校，只会是一盘散沙。纪律的价值在哪里？纪律永远是忠诚、敬业、战斗力和团队精神的基础。

纪律保证战斗力。对一个组织来说，没有纪律，便没有一切，只有当一个组织和其成员都具备了强烈的纪律意识，组织才会朝着健康的方向发展，组织成员的素质才会得到提升。作为一个组织，纪律的约束不可或缺。如果没有纪律作保障，成员各行其是，毫无秩序，那这样的组织便是一盘散沙，没有整体战斗力。只有具备严明纪律的组织才会拥有强大的凝聚力，才能形成强有力的战斗力。

纪律决定执行力。革命军歌唱得好："纪律中有我，纪律中有你，纪律中有无穷的战斗力。"无论是组织，还是单位，都应做到令行禁止，面对上级部门决定的事和布置的工作，要有反应、有落实、有结果。纪律是保证执行力的先决条件，只有加强纪律性，才能保持意识和行动的统一，才能高效地完成工作任务。

纪律激发自驱力。自驱力是人自身存在的一种内在动机、情感或心理因素，在自驱力驱动下的人，对工作有一种非做不可的使命感和责任感，能积极主动地工作，以争取最大的成功。纪律直接影响着人的行为与抉择，是激发自驱力的助推器。纪律意识强的人，则会让自己跑起来，对待工作百分之百地投入。如果没有纪律意识，就不可能主动给自己下达命令，面对任务就不会不遗余力地执行，若人人皆是如此，组织集体又何以进步？由此可见，纪律是前进的动力，是引领我们正确前行、实现目标和理想的必不可少的强大武器！

同学们，我们满怀理想来到学校求学，大家觉得，我们应该拥有一个怎样的青春和怎样的人生？是在浑浑噩噩中度过，还是在拼搏中进步？在校园内，时常可以看到这样的场景：有的同学经常迟到、早退，甚至旷课；有的同学穿拖鞋上课；有的同学躲在学校的某个角落吸烟；还有的同学沉迷游戏夜不归宿，一到上课就睡觉，寝室卫生从不打扫……这些不良行为是严重破坏校风、校纪的行为，不仅严重地危害到了同学们的身心健康和前途发展，也影响到了学校的形象。如果我们每个人都这样，我们能学有所成吗？能成为社会需要的人才吗？能担当祖国繁荣强大、民族伟大复兴的重任吗？同学们，请牢记"纪律是宝、他律是爱、律他是责、无律是害"的训诫，一定要培养自身良好的学习、生活习惯，遵守规则，做到以下几点："一读"，即一到校就认真读书；"二做"，要做有益于他人的事，做有益于集体的事；"三别"，即向粗鲁告别、向陋习告别、向坏事告别；"四带"，即把礼仪带进校园、把微笑带给同学、把孝敬带给长辈、把谦让带给社会；"五无"，即地面无纸屑、校园无争斗、桌凳无刻画、墙壁无脏印、出言无脏话。

我们应当争做文明学生，争做"阳光男孩"和"阳光女孩"。要学会做一个文明的人、一个诚实的人、一个勤学的人、一个守纪的人。如果人人都具备强烈的责任感，对校园秩序、校园卫生、课堂纪律等都能主动担起责任，我们的校园就会变得更加和谐、更加美好。

江河不循其道，则泛滥成灾；万物不遵其时，则自取其灭。纪律是我们学有所成、大有可为的助推器，是创建文明和谐校园的润滑剂，是保卫社会健康发展、人民安居乐业的强大武器，我们必须自觉遵守好、维护好纪律，从自身做起、从身边做起、从小事做起，争做遵守纪律的模范、以身作则的标兵、维护集体荣誉的表率。

同学们，遵守纪律是一种尊重，遵守纪律是一种美德，遵守纪律更是一种责任、一种成功。昨日的习惯，已经造就了今日的我们，而今日的习惯将决定我们的明天。愿同学们都能养成文明守纪的好习惯。与纪律同行，我们定能实现自己的理想；与纪律同行，我们的人生一定会更加灿烂辉煌！

诚实守信，做完美的人

——2011年度，湖南省普通高校大学生思想政治教育特色建设项目演说词

诚信，是人的立身之本，是国家的立业之本。长久以来，诚信的火炬被人们高高举起，代代相传，燃遍了中华大地的每个角落，并作为东方文明的精髓传遍世界。诚信这一道德品质，对于提升整个社会的道德水平，促进经济的发展、社会的和谐稳定、生活的温馨幸福等具有重大的意义。

诚信，是处理个人与社会，个人与个人相互关系的基本道德规范，是发展社会主义市场经济的基本行为规范，是作为社会主义事业的建设者和接班人应当具备的基本素质要求。当代大学生是国家的未来建设者和接班人，你们的诚信状况会影响我国社会主义现代化建设的进展，关系到和谐社会的创建发展。"人无信而不立"，这是每个大学生都应当知道的箴言，诚信亦是每个大学生应具备的道德基础。

同学们，如果我们认真追忆自己曾经走过的每一步，相信一定能找出许多诚信的"影子"。小时候，家里的长辈经常会告诉我们"做人要诚实、要守信用"。上学后，我们通过课本学到了"诚信，为人之本也"。今天，我们走进了大学校门，跨入了更高层次的文明礼堂，我们站在这里赞美诚信、歌颂诚信，是因为它早已不是停留在言语和书本之上的一个简单词语。诚信，对于我们这些站在时代浪尖，即将接受社会洗礼的大学生来说，具有更为实际的意义。有了诚信，我们才算得上是真正意义上的大学生；有了诚信，人与人之间的相处才会公平有序；有了诚信，我们的生活才会朝着温馨、幸福、安定的方向发展。

当代大学生的诚信问题值得我们深思。从总体上来看，当代大学生的诚信状况是较为良好的，是积极向上的。只不过近年来，因受社会上的造假和腐败等不良风气的影响，被视为一方净土的大学校园也出现了诚信缺失的问题，大学生诚信缺失的现象越来越突出，主要体现在考试作弊、学术做假、助学贷款赖账、求职作假、随意违约、人际交往虚假化等方面，对此，我们必须引起高度重视。

尽管存在这样一些有违诚信原则的事，但在现实生活中，在我们生活的校园内，诚信这一真实不欺的美德，仍旧像一颗常青树，扎根在你我的心灵深处。我们不会忘记，曾经接受过国家助学贷款，现已走出校门、步入社会的师兄、师姐们，虽然刚参加工作的他们工资相对微薄，但他们却不忘时刻提醒自己要省吃俭用，尽早还上贷款，好让更多家境贫困的学子继续圆自己的大学梦；我们不会忘记，曾经走到校外实习的学子们，虽然他们不比单位其他员工经验丰富、做事干练，但他们凭借自身真诚、守信的言行，得到了工作单位对他们的赞誉、对我校的褒奖；我们不会忘记，这些在校大学生，也就是我们自己，曾一度肩并着肩、手拉着手，一起学习、一起成长，曾经在运动会接力赛场上，我们将自己手中的接力棒递给队友，并为他们高呼"加油"，最终取得胜利。曾经的种种，教会了我们：是诚信让我们守住了诺言、是诚信让我们收到了赞誉、是诚信让我们彼此走得更近。

在座的许多同学，大都憧憬着自己在校期间能够得到老师、同学们的信任；憧憬着自己走出校园、步入社会后，能够成为一名公司白领，甚至是企业家，圆了自己为国家经济腾飞贡献力量的梦想。在央视曾经热播的电视剧《乔家大院》中，主角乔致庸是真实活跃在我国清朝末年的山西晋商，乔致庸年迈时，总结自己成功的秘诀，只简单概述为：不缺斤短两，不以次充好，做生意对得起自己的良心，要诚实守信。对我们当代大学生来说，无论是今天在学校立志读书，还是将来走入社会建功立业，诚信这块金字招牌应当被永远视为瑰宝，我们要把诚信精神一代一代传承下去，让它永不褪色。

　　作为一名当代大学生，要懂得"坐着读书、站着做人"的道理。我们在校期间，除了要掌握技能知识，还要在学习和生活中培养自己的品德，铸就高尚的人格。诚信为人，必能取信于人，立信于人，收获朋友；诚信做事，必能赢得信赖和尊重；诚信对待生活，才能挫之不馁，安之不燥，使我们未来能够一步步走向成功。社会主义荣辱观提出"以诚实守信为荣，以见利忘义为耻"的准则，向我们指明了学习的方向，要求我们要时刻用"诚实守信"来规范自己的言行。因此，努力培养自己的诚信意识，从小事做起，做到爱国守法，明礼诚信，待人处事真诚、老实、讲信誉，言必行、行必果，一言九鼎，一诺千金。做一个堂堂正正的人、一个率先垂范的人，构建和谐美满的校园和社会环境，使道德之河永远奔流，使诚信之歌永远唱响！

　　同学们，诚信是驿站，让劳顿的步履得以歇息；诚信是力量，为疲惫的身心不断补给；诚信是我们为人处世之根，安身立命之本，是我们生命强有力的支撑。就让我们敞开心扉，为社会、为你我、为身边的人打开一扇窗户，用诚信去构建一个充满温馨和快乐的和谐、友爱大家庭。

心怀感恩创和谐 知恩图报作贡献

——2011年度，湖南省普通高校大学生思想政治教育
特色建设项目演说词

古人云："滴水之恩，涌泉相报。"树木感恩于大地，用落叶来肥沃土壤；禾苗感恩于农人，将成熟的籽粒呈上；乌鸦感恩于母爱，以反哺来回报亲情；羊儿感恩于母乳，以跪乳来表达敬意……

感恩，是朴素高贵的情感，是不可磨灭的良知，是深藏于内心的品质，是善良人性的标签；感恩，是一种人生智慧，是一片肺腑之言，是一份铭心之谢；感恩，是一种生活态度，是一种品德，是一种思想境界。我们的母亲遭受着十月怀胎，一朝分娩的痛苦，将我们带到这人世间。父母亲日复一日地为我们的成长奔波操劳，无怨无悔，他们不仅给予了我们生命，还给了我们一个温馨的家，让我们健康快乐地成长，我们应当感恩父母，感恩这生命的赐予，感恩这无怨无悔的付出。

同学们，当我们身处校园时，老师教导我们做人，给我们传授新的知识，在老师的培育下，我们学会了原本不懂的知识，明白了学习的目的，掌握了学习的方法，树立了远大的志向。老师们课堂上耐心细致、循循善诱；课堂下认真备课、批改作业；假期中自修自学，毫不懈怠……这一切不都是为了培育我们成才吗？我们难道不应该对老师们心存感恩吗？

同学们，当我们走进校园，我们看到了优美的校园环境、先进的教学设备，在这里，我们开始了学习之旅。课后闲暇，我们轻松地坐在电脑前，享受着互联网为生活带来的种种便利。我们生活在幸福之中，生活在和平与欢乐之中，这一切要归功于祖国对我们的呵护，是祖国的关爱与资助让当今学子们享受着接受公平教育的机会，是祖国让我们幸运地实现了"知识改变命运"的愿望！没有祖国，哪有我们的安栖之所？没有祖国，哪有我们的幸福生活？没有祖国，哪有我们现在所拥有的一切？同学们，让我们怀着一颗感恩的心去感恩祖国，报效祖国！

感恩那些对社会做出贡献的人。感恩晨雾未散就起早清洁马路的清洁工们，因为他们给了大家一个如此干净整洁的城市环境；感恩急救室中救死扶伤的医生们，因为他们的付出，让我们的生命可以如花般绽放；感恩穿梭在柏油马路上送人归家的司机们，因为他们，我们才得以安全抵达久违的家乡……在城市的各个角落之中，有太多太多具备高尚职业情操的人，他们如不起眼的微尘般容易被大家忽视，但总能在我们需要帮助的时候，伸出那双温暖的双手！是社会大家庭中每一个平凡之人的无私付出，才换来我们和谐有序、温馨快乐的生活。

有恩有爱，是人们生活中灿烂、绚丽的文明之花；"滴水之恩，涌泉相报"，是人们口口相传的传统美德。懂得感恩，是做人的基本要求之一。

怀有一颗感恩的心，才能更懂得尊重。尊重生命、尊重劳动、尊重创造。怀着感恩的心，一代伟人邓小平曾说："我是中国人民的儿子，我深情地爱着我的祖国和人民。"怀着感恩的心，诗人艾青在他的诗中写道："为什么我的眼里常含泪水，因为我对这土地爱得深沉。"懂得感恩的人，会以同等的眼光看待每一个生命，会真诚且郑重地审视身边的每一个人，会尊重每一份平凡且普通的劳动，也会更加尊重自己、热爱生命。

怀有一颗感恩的心，才能明白自己的职责所在。在现代社会，每个人都有自己的职责和价值。当"感动中国"十大人物之一的徐本禹走上银幕时，人性的善良之光再一次被点燃。这个原本该走进研究生院深造的大学生，为了完成大山中孩子们追求知识的迫切心愿，义无反顾地舍弃了繁华的城市生活，走进了大山，成了一名乡村支教老师。让徐本禹做出这一抉择的理由很简单：怀着一颗感恩的心。徐本禹用他的感恩之心，为大山里的孩子们造就了一条求学之路，点燃了贫穷生活中的希望之光。徐本禹完成了他的职责，亦实现了他的人生价值。作为承载未来和向往明天的当代大学生，我们应当要心怀"天下兴亡、匹夫有责"这种主人翁的责任感和使命感，以"时不我待、只争朝夕"的担当精神和科学知识武装自己，用过硬的素质充实自己，秉承中华民族自强不息的宝贵精神，以顽强的意志、务实的行动书写合格的青春答卷，用自己的实际行动报效祖国，感恩社会。

拥有一颗感恩的心，生活就会处处充满阳光。心中存有感恩，便会意识到个人的成功离不开他人、离不开社会的帮助，在处理与社会和他人的关系时，将会产生源动力，去驱动自己尽力履行应尽的职责，倾己之能为社会奉献。拥有一颗感恩之心，便是拥有了一颗包容天下的心，不管外界环境如何，都将让我们更加坚定自己的信念。

同学们，在构建和谐社会的今天，感恩意识是和谐家庭关系、人际关系、社会关系的一种重要"润滑剂"。对亲人、对他人、对社会、对祖国，我们需要心存感激，需要有"知恩必报"的良知。让我们共创和谐的人际关系：以关怀消弭对立，以互助取代竞争，主动参与人际交往互动，真心关怀别人，时时替人着想，时时感恩他人的付出，彼此扶持，共同进步。人世间只有真情能够永恒，只有真情最能温暖人心，给人力量、催人奋进，我们每个人都应在真情中根植感恩之情，以实际行动争做感恩家庭的好孩子，感恩学校的好学生，感恩社会的好公民，以无愧于人生的优秀业绩回报伟大的时代，让自己的青春年华在为国家、为人民的奉献中焕发出绚丽光彩！

树立正确就业观念 脚踏实地爱岗敬业

——2011年度，湖南省普通高校大学生思想政治教育特色建设项目演说词

职业是维持个人和家庭生存的基础，是实现个人价值和社会进步的重要途径。大学毕业生是社会人力资源中宝贵的一部分，是推动社会发展的重要力量。青年大学生对未来的生活都有着美好憧憬，对未来的职业大都寄予厚望，都期望自己能在将来从事的职业岗位上有所建树。我们大学生进校学习，从个人角度讲，就是为了将来进入社会后能找到一份好工作，过上充实的生活；从社会角度讲，就是希望通过就业，在岗位上实现自己的人生价值，为社会做出自己的贡献。因此，大学生的就业问题就显得尤为重要。目前，大学生就业问题已引起社会的极大关注，各级部门都采取了许多行之有效的措施来帮助大学毕业生顺利实现就业。那么作为其中的关键角色，当代大学生们如何在激烈的职场竞争中脱颖而出呢？

一、正确认识形势，树立正确的就业观念

时代在进步，市场经济不断发展，为了与之相适应，大学生就业制度也做出了相应调整，从统一分配到切块计划，从供需见面到在一定范围内的双向选择，最终过渡到国家出台一系列政策指导大学生自主择业。这些变化，突出了大学生在择业过程中的主体地位和

作用，也把大学生推到了市场面前，迫使大学生改变以往等着国家分配单位的就业观念，增强了自主择业意识、竞争意识和风险意识，大学生原有的"从一而终"的就业观受到了严峻的挑战和猛烈的冲击。近年来，大学生在就业方面的思想观念发生了很大变化，但仍有一部分学生就业观念滞后、理想与现实错位、创业意识较差，这部分学生的择业观与现实性存在着矛盾，具体表现为：缺乏正确的自我认知，对社会生活的估计往往失之于简单或片面；存在择业期望值过高的现象，把知名企业、大公司、外资企业作为理想的择业目标，不屑于到基层、民营、私营单位施展才干；强调自身价值而忽视社会需要，一味地追求个人利益，重地位、重名誉，轻事业、轻奉献，缺少艰苦奋斗的精神和强烈的责任感；"这山望着那山高"，不能及时调整就业期望值，以至于后来处于高不成、低不就的尴尬局面。

大学生所表现出的这些不良就业心态和择业观念，很显然与经济发展的现实不相吻合。如果就业观念不及时转变，大学生就业难的问题很难得到改善。正因如此，我们每位大学生都应当与时俱进，认知自我、认清形势，调整心态，正视就业问题，树立正确的就业观念。

首先，每个大学生都要认清形势。大学生群体虽是天之骄子，但也需调整心态，接受从"大众精英"向"精英大众"的转变，从"城市"向"基层"的转变，从"公有"单位向"非公有"单位的转变，从"专业对口"向"通用人才"的转变，从"打工"向"创业"的转变。如今，大学生就业制度一改以往的"统包统分"形式，逐渐演变出了供需见面、双向选择、自主择业等形式，这大大增加了大学生就业过程中的主动权和自主权，但也对大学生就业能力提出了更高要求。

其次，要正确认识自我。大学毕业生们面对激烈的市场竞争，一定要正确认识自我，对人生态度、兴趣和理想要有充分认识，要正确地对知识、能力、个性、特长等方面进行分析，并以此来确定自己适合从事的行业。不要一味地要求专业对口，可以尝试专业拓展或者跨专业就业，重点是要热爱所选择的那个职业。不要一味地追求高薪，考虑薪资的时候要先明白自身的价值。要有长远的眼光，要注重一个公司的发展潜力和对自身的发展空间。只要是适合自己的工作，就努力去干。此外，我们在找工作的时候要坚持不"等"、不"靠"、不"要"的信念，加强自身素质，积极主动、努力争取，通过自己的能力去争

取好的工作。

最后，要树立良好的择业观念。大学生只有树立正确的就业观念，建立适应时代发展的新的就业观念，才能具备高瞻远瞩、运筹帷幄的能力，方能在一众求职者中脱颖而出。良好的就业观应体现在以下方面：

（1）树立高尚的职业理想；

（2）树立良好的敬业精神；

（3）勇于面对竞争的观念；

（4）树立先就业、再择业、敢创业的思想；

（5）树立到基层、农村去的观念；

（6）树立发挥专业所长，但也注重综合素质的观念。

总而言之，一个初出茅庐的应届毕业生想要成长为驰骋职场的成功人士，必然如蛹化蝶般需经过艰难的成长历程，但请相信，积极正确的就业心态会引领各位同学走向创造价值的职业岗位。学会给予、感恩、宽容、欣赏，机会的大门将为各位同学敞开，事业发展的大路会为各位同学延伸！

二、做好职业生涯规划，强化自身能力素质

大学生就业会面临许多竞争和挑战，每位大学生在进校前就要做好这一思想准备。在校期间，一定要充分地认识到职业生涯规划的重要性，职业生涯活动将伴随我们的大半人生，拥有成功的职业生涯方能实现完美人生。有规划才会有目标，有目标才会有行动，有行动才会有效果，有效果才会有成功。职业生涯规划具有十分重要的意义，具体表现为以下几点。

第一，通过职业生涯规划可以发掘自我潜能，增强个人实力。一份行之有效的职业生涯规划将会：①引导你正确认识自身的个性特质、现有与潜在的资源优势，帮助你重新对自己的价值进行定位并使其持续增值；②引导你对自己的综合优势与劣势进行对比分析；③使你树立明确的职业发展目标与职业理想；④引导你评估个人目标与现实之间的差距；

⑤引导你确立理想与实际相结合的职业定位，同时引导你搜索或发现新的或有潜力的职业机会；⑥使你学会如何运用科学的方法采取可行的步骤与措施，不断增强自身的职业竞争力，实现自己的职业目标与理想。

第二，职业生涯规划可以增强发展的目的性与计划性，提升成功的机会。生涯发展要有计划、有目的，不可盲目地"撞大运"，很多时候我们的职业生涯受挫就是由于职业生涯规划没有做好。好的计划是成功的开始，古语讲，凡事"预则立，不预则废"就是这个道理。

第三，职业生涯规划可以提升应对竞争的能力。当今社会处在变革时期，到处充满着激烈的竞争。"物竞天择，适者生存"，职业活动的竞争非常激烈，无论是刚毕业，还是继续深造或步入社会，要想在这场激烈的竞争中脱颖而出并立于不败之地，必须提前做好自己的职业生涯规划，这样才能做到心中有数，不打无准备之仗。

如今的大部分同学，不是先坐下来做好自己的职业生涯规划，而是终日拿着简历与求职书到处乱跑，总幻想着会撞到好运气，找到好工作，结果往往是浪费了大量的时间、精力与资金，到头来感叹招聘单位不能"慧眼识英雄"，叹息自己是"英雄无用武之地"。这部分大学毕业生没有充分认识到职业生涯规划的意义与重要性，他们认为找到理想工作凭借的只是学识、业绩、耐心、关系、口才等条件，认为职业生涯规划纯属纸上谈兵，简直是耽误时间，有那时间还不如多跑两家招聘单位。这是一种错误的理念。实际上，先做好职业生涯规划，"磨刀不误砍柴工"，有了清晰的认识与明确的目标之后，再把求职活动付诸实践，这样求职效果要好得多，也更经济、更科学。

同学们，我们在认识到职业生涯规划的重要意义后，就应科学务实地做好自己的职业生涯规划，学会利用职业生涯规划，为自己、为人生打下一个坚实的就业基础、奋斗基础。从进入大学校门开始，就应沿着自己的规划，着手在自己的专业知识、专业技能和综合素质等方面不断提升自己，成为名副其实的行家里手，为自己的人生奠定坚实的基础。

三、掌握科学的求职技巧，脚踏实地、爱岗敬业，积极进取、立志创业

刚刚走出校门的大学毕业生，除了要具备正确的就业观念，还必须掌握科学的求职技巧，以及脚踏实地、艰苦奋斗、爱岗敬业的精神，唯有这样，我们在面对求职竞争时才会

更加得心应手，才能更加心平气和地立足于社会的激烈竞争中。

求职是一门学问，也是一门艺术，其中涉及许多技术和技巧。在人才竞争愈演愈烈的今天，在求职者大都具备个人基本素质的前提下，求职技巧已成为求职者脱颖而出的利器，求职技巧对求职者充分展现自我、推销自我具有重要作用。作为求职者综合素质的组成部分，求职技巧实质上体现了求职者的多种能力和素养，比如：表达能力、应变能力、社交意识、时间观念和文明礼仪等，贯穿了求职的整个过程，对求职能否成功起着至关重要的作用。对于各位大学生来说，平时要注重加强就业信息的搜集，熟悉求职文书的写法，掌握面试的技巧等，这样我们才能在求职过程中扬长避短，大大提高自身的就业成功率。

好的工作需要好的心态，好的表现需要好的精神，好的评价需要好的业绩，在我们找到工作后，如何在实际工作中得到用人单位的认可和信任呢？这需要同学们具备脚踏实地、爱岗敬业的工作作风，以一流的业绩来证明自身的价值，要做到这一点，各位大学生们需从以下几个方面入手。

第一，要树立艰苦奋斗的观念。大学毕业不是结束，而是人生事业历程的开始，在人生的历程中，没有天上掉馅饼的美事，人们选择的职业道路有所不同，但相似之处在于，唯有用汗水浇灌，方能开花结果。因此，大学生们要树立艰苦奋斗的思想，一步一个脚印，脚踏实地地干好每一份工作，才能获得丰硕的成果和充实的人生。

第二，要有爱岗敬业的精神。对于即将踏入社会的大学生来说，树立敬业精神是预备进入社会的思想成熟的标志之一，大学生是否具备敬业精神，不仅关系到其今后的职业生涯能否顺利，还关系到其今后在社会磨砺过程中能否成才，事业能否得到发展。因此，各位大学生应将热爱本职工作，忠于职守，保证工作质量，对技术精益求精，对社会和人民负责，在岗位中能团结协作、公平竞争等良好的敬业精神作为自身就业的必要条件。

第三，要有积极乐观和坚忍不拔的心态。同学们，我们走进社会，不可能什么时候都一帆风顺。成长的道路上，必定会遇到各种困难和挫折，这就要求我们要有敢于竞争、善于竞争的心理素质，要有遇到困难和挫折后，仍旧不气馁、不松劲的积极乐观和坚忍不拔的心态，学会在苦差事中"潜水"，学会接受挫折。我们绝对不能受一点儿委屈就逃避放弃，受一点儿挫折就回家变成"宅男宅女"，尝一点儿辛苦就变成"啃老族"。要知道，那些大有作为的人士，大都是历经千辛万苦方才取得成功的，不经历风雨，怎能见彩虹？因此，我们一定要学会把困难当成锻炼，把挑战当成机会，把受到的伤害转化为积极进取的动力，乐观面对一切，不断地积累经验、增长才干，这样，我们的青春、智慧和汗水必定会在辛勤的浇灌中开花结果。

此外，我们要培养自身积极创新创业的思想。择业是起点，创业是追求。创业是拓展职业生活的关键环节，是实现个人价值和推动社会进步的重要途径。大学生创业具备许多优势，我们朝气蓬勃、对未来充满希望，有着较高层次的技能，富有创新精神，善于学习。正因如此，大学生们更需要把握自身优势，要做好立足创业、勇于创业的思想准备，要努力提高自己的创业能力。如何提高自主创业能力是大学生就业亟待破解的难题。创业需要勇气，更需要智慧。创业既要不拘泥于陈规，又要充分考虑自身条件、创业环境等各种现实因素。来过、走过、经历过的固然感受深刻，但苦过、累过、成功了的收获才是最为宝贵的。创业意识强烈并且思想准备充分，才能获得更好的发展机会，甚至能帮助他人解决就业问题。当今社会已出现了不少新职业，这既体现了新的社会需要，又体现了创业者们的智慧和贡献。

总之，高校大学生是国家宝贵的人才资源，如何引导和帮助大学生顺利实现就业、创业，对于国家的经济发展、社会进步以及青年人才的健康成长等都具有重要意义。当代大学生要积极响应党的号召，把祖国的需要作为无悔的选择，自觉到基层去、到西部去、到祖国和人民最需要的地方去建功立业。要树立正确的世界观、人生观、价值观，以社会主义荣辱观武装自己，把"胸怀祖国、服务人民"作为自己的座右铭；坚持理论联系实际，走与实践相结合、与人民群众相结合的成长道路；转变就业观念，树立"行行建功、处处立业"的新型择业观。以脚踏实地、奋发有为的行动去实现自身价值，为祖国的兴旺发展和社会的进步做出自己的贡献！

心声感悟编

不忘初心，赓续善美，心灵才会宽广、纯净、美丽。

不辱使命勇担当 躬耕勤作创辉煌

——2019年底，赴教务处履职心声

尊敬的各位领导、老师们：

您好！今天是我正式调任到教务处上班的第二天，就接下了主持学校教学能力大赛这一大型活动的重任，真是倍感幸运。承蒙各位领导和老师们的信任与厚爱，让我来主持教务这项重要工作，我自觉责任重大。受命以来，寝食难安，恐托付不效，辜负了领导和老师们的期望。本人纵使与同志们一样，虽有"但得众生皆得饱，不辞羸病卧残阳"的老黄牛情怀，以及"勇于担当、不辱使命"的心愿，但仍感觉自己还是此项工作的新手，加上自己才疏学浅，能力有限，只能恳请各位领导和老师们给予更多的理解、关心和支持。如果在今后的工作中，因为我的坚强任性不小心伤害了你们，你们能不能温柔提醒？虽然我自身水平不足，但既然来到了新的岗位，我仍将以"庶竭驽钝、躬耕勤作，脚踏实地、精益求精"的工作态度和作风投入工作，为学校的发展贡献自己的绵薄之力。同时，我也相信，在全校教师"坚守初心、笃定前行、只争朝夕、不负韶华"的责任感和使命感的感召下，我们的学校一定会更加和谐、美好！

青年学子齐相聚 共谋明天好未来

——郴州职业技术学院招生宣传演讲稿

同学们:

　　大家好!

　　你们的成长、成才、成功,皆承载着学校、老师、家长们的期盼,你们是祖国的未来和希望,是各高校竞相争取的宝贵财富,赢得你们就赢得了新生力量,也赢得了未来。在你们面临升学这项重要选择的时刻,你们也一定感觉到了自己格外受到重视,你们个个都是宝贝,是学校争取的对象。但今天我们想跟同学们说的是,在面临这重要选择的时刻,希望同学们不要倚"宝"自重、目空一切,对我们这次的交流和指导漠不关心、不屑一顾。同学们,你们要明白以下两个道理:一是选择有时候比努力更重要,选择得好,我们会一帆风顺,选择得不好,我们会走很多弯路,错失很多机会;二是聪明的人在虚心听取别人的建议中成功,愚蠢的人在自以为是中失落,俗话说"兼听则明",别人的建议是我们做选择时的参考,尤其是在做重要选择时,多听听他人的建议,能使我们明辨是非、豁然开朗。

　　如果同学们认可我的观点,请你们以热烈的掌声告诉我,我们可以开始今天的交流了。

今天，我们来到学校与你们进行交流，同样也是来争取同学们报读我校的。但我们又不是来要求所有同学都报读我校的，若是全县，乃至全市所有的中学毕业生都报读我校，我校也没有这么大的规模，也没有这么多的专业来满足同学们的意愿，这更不符合教育发展的实际。所以准确地说，我们这次交流的目的，是帮助你们当中的一部分学生准确清楚地了解一下我校情况，科学正确地做出人生路上的一个重要选择，使得那些有意愿到我校报考的学生，能顺利与我校结缘，有机会到我校学习深造。

今天，我们将在一起交流三个方面的问题，希望同学们能从中得到一些启发。

一、知识改变命运，技术改变未来

我给同学们说一个我亲身经历的故事，来告诉同学们为什么要多读书。

有一年春节我回老家过年，碰到了家乡一初中同学的孩子，当年这孩子初中毕业时，我同学带他来找过我，咨询报读我校事宜。可能这孩子当时没有心思读书，读完初中就去东莞打工了。早几年见面时跟我讲起他在一家模具厂当师傅，工资大约每月五千元左右。这薪资水平在当时看来还是不错的。几年后再见，难免要嘘寒问暖几句，并且自认为他应该比早几年要好很多，我问孩子："你在东莞当模具师傅多年了，工资应该比原来见涨了许多吧？"这孩子回答道："叔叔，我这个模具师傅就跟开车师傅差不多。"我听后有点丈二和尚摸不着头脑，怎么与开车师傅差不多？正在我纳闷之际，他说："叔叔，你知道，开车师傅，老板每月给五千就五千，不管你开一年还是开十年，只要你会开车，工资不会多多少。你开车多几年，经验丰富点，工作认真点的话，最多增加三到五百就不错了。叔叔，我就像这开车师傅。您也知道，我没有读多少书，对于模具的设计编程等知识，我吃不消，只会些基本操作。虽然基本操作我比较在行，但不会改进创新，工资涨得自然也就不多。我现在很后悔呀，每年毕业的大学生刚进来，都管我叫师傅，可过了一两年，他们就是我的师傅了。他们刚进来都是三四千的工资，过了几年就涨到一万多了，我却还是五六千，他们一年多出来的钱把读书几年的钱都挣回来了呀！我现在才真正体会到：几年的任性放纵，换来的就是一生的卑微和坎坷！"

这件事对我触动很大，我内心也不由得发出感叹：不要抱怨读书苦，因为不读书的人生才苦。

　　同学们，努力读书，不一定能挣很多钱，却可以看见更大的世界；努力读书，不一定能大富大贵，却能有更多的选择机会；努力读书，不一定能成为成功和完美的人，却能不断地走向成功和完美。

　　我们读书的目的，从长远角度来说，是为中华崛起而读书；从个人角度来说，就是通过学习过硬的本领，拥有一技之长，将来能得到一份好工作，实现自身的价值，过上幸福的生活。要做到这两点，我们就必须进入大学继续学习、深造，这是我们实现梦想的最好途径，是我们莘莘学子最好的选择。如今，我们面临这样一次重要的选择，要想实现自己的理想，如何选取一所称心如意的学校就显得尤为重要了。现在，我为大家简要介绍一下高职院校及我校情况，供同学们选择参考。

二、高职院校的明天同样美好，郴州职业技术学院更是一项不错的选择

　　目前，国家越来越重视职业教育，职业院校毕业的学生在某些行业更受青睐。如今的用人市场需要一流大学的本科生、研究生、博士生，但同时更需要操作型、应用型人才，而高职院校恰恰就肩负着实操技能型人才培养的重任。高职院校的毕业生，理论水平和实操能力兼具，社会需求量又很大，将来到工作岗位后能展现出极大的潜力，更有能力成为高级技师、技能专家等技术型人才。所以，高职院校的毕业生，一样大有可为，明天同样美好！

　　如果我们没有实力和机会选择本科院校，那么我们如何选择职业院校呢？选取学校的原则大致有以下两点。

　　第一点，不要好高骛远。每个人都有登高望远的愿望，进入名校学习固然可喜可贺，但更重要的是要切合自身实际来进行选择。每个人必须量体裁衣、量力而行，定好位置、找准方向，这样才不会错失机会。大家不能一心只想着报考省会城市的一些名气较大的学校，若一窝蜂地扎堆报考这些学校，全然不考虑自身的实力和专业喜好，这样很容易错失机会。

　　第二点，不要舍近求远。想必同学们都知道，男儿虽志在四方，但远地方、大地方，不一定就是好地方，只有能学到一技之长，适合自身发展的地方才是好地方。我院虽不是名牌大学，但我院学生都有一腔"不与其他同学比名气（名校），但一定敢与其他同学比

明天"的豪情壮志，学生毕业后进入社会，都能大显身手，备受好评。况且，报读我院有许多优势。

第一，学院是公办院校。公办院校有政府的大力支持和关心，教育教学有保障，更有发展的动力；公办院校都有几十年办学历程，文化底蕴丰厚，教学质量相对较好，教学设备相对完善，有很好的办学基础；公办院校学费相对较低，能减少家庭负担，且国家奖、助、贷等资助政策规范完善，能为家庭困难的学生解决实际问题。

第二，学院环境优美，硬件设施完善。学院新校区是2009年新建的，学院后山就是风景秀丽的王仙岭国家级生态旅游公园。校园布局合理，花香树绿，环境优美；学生宿舍6人一间，设施完善。在全省的高职院校中，学院的环境设施名列前茅。

第三，交通便捷，充满人文关怀。很多同学都想到外地读书，但需知在外地的学校读书，第一次去的确会感到新鲜，但若天天身处其中，也会觉得平淡无奇，况且每个学期来回奔波，路途遥远、车费昂贵，费时费力又费钱；"月是故乡明"，在本地读书，省时省力又省钱，况且，就读于家乡的大学，亲情友情始终与我们同在，这对自身的发展来说大有帮助。

第四，师资力量名列前茅。梅贻琦先生是清华大学历史上任期最长的校长，他曾说过这样一句话："所谓大学者，非谓有大楼之谓也，有大师之谓也。"我们学院施行"名师领衔、专家治教"的方针，师资实力雄厚。现有专职教授、副教授和高级工程师等125人，兼职教授、现场专家50余人，其中省级优秀教学团队2个，全国高校教学名师1人，省高校教学名师2人，省级学科带头人6名，省青年骨干教师6人，这样的师资力量放在全省来说绝对是独领风骚。虽然学院的老师谈不上大师级别，但也称得上是职业教育中的行家里手，我们的教师团队是一个积极进取、爱岗敬业的优秀团队。能在这样强大的团队中学习，加上自己日后的勤学努力，学到一技之长并不算难事。

第五，人才培养模式先进，学生素质过硬。人才的培养关键在于质量，学院实行"双证制"教育，重视职业能力和综合素质的培养。同时采用"校企双元""产教融合"的人才培养模式，在全省率先实施工作过程导向的"六位一体"能力型教学模式改革，受到了省教育厅和兄弟职业院校的充分肯定，经验得以在全省推介。学院的机电一体化专业，拥有国家级名师，是湖南省的精品专业，同时该专业拥有中央财政支持的实训基地，同时拥

有这些头衔的专业在省内屈指可数，甚至可以说是独一无二。此外，市场营销专业既是省级精品专业，又是国家级示范性特色专业，这在全省高职院校中同样是独领风骚。拥有这么强大的教学团队，培养出来的学生质量自然不言而喻，素质可见一斑。

第六，就业服务质量高。学院地理位置优越，独具就业优势，学院与三一重工、中国石化、东海证券、太平洋集团、深圳科瑞以及西子奥的斯电梯有限公司等一百多家企业建立了校企合作，其中多家企业还与学院建立了合作培养机制，实行订单培养，如"海洋"模具班，"郴粮机"机电一体化班等。学院领导要求每个专业至少与一家企业建立订单培养的机制，至少要确定一到两家有实力的企业为此专业学生的就业优选单位，目的就是提高学生的就业质量，真正为学生谋福祉。由于学院重视学生的就业工作，学院连续几年被评为"湖南省普通高校毕业生就业创业工作'一把手工程'落实情况优秀单位"，毕业生就业率在全省高校中名列前茅。

三、既要抬头仰望星空，更要低头脚踏实地

对于成绩不好的同学来说，单招是我们最好的上大学学习深造的机会，因此大家一定不要错过。对于只能考一两百分的同学来说，如果去参加高考，不一定能被录取，近年来考生越来越多，学校依旧只有这几所，竞争是相当激烈的，错过的话，损失很大，所以请同学们一定要珍惜这样的机会。对于成绩相对较好的同学，或许想先尝试去报考长株潭的职院，虽然长株潭的职院有区位优势，名气也大一些，但我认为我们郴州职院跟长株潭的职院是同类职院，我们职院在很多方面不会比长株潭的职院逊色，比如全省技能比赛，我院机电一体化专业的技能比赛这几年都在全省获得了一、二名的好成绩，并代表湖南省参加了全国性的比赛，这说明长株潭的职院很多地方也不一定比地方性职院强。因此，有想去长株潭的职院尝试报考的同学，最好也来参加我院的单招考试，这样录取的可能性会大一些，不会错失机会。

总之，我校是湖南省示范性高职院校和湖南省文明高校，是湖南省职业教育先进单位，学校的社会声誉较好、知名度较高；校园优美，是宜学适居的首选宝地；设施设备完善，师资力量雄厚，是丰富知识和提升技能的优质学校；历史文化浓厚，红色基因纯正，拼搏进取的精神时刻鼓舞人心，是锤炼我们品行的一方热土。同学们，报读郴州职院，定能大有作为！

天道酬勤创佳绩 踌躇满志续辉煌

——工业自动化系2012年元旦文娱晚会致辞

尊敬的各位领导、老师们，亲爱的同学们：

大家晚上好！

天时人事日相催，冬至阳生春又来！在2012年元旦即将到来之际，我们全系师生欢聚一堂，举办了此次元旦文娱晚会。借此机会，我谨代表系党总支、行政，向关心和支持我系发展的各级领导及全系师生表示衷心的感谢！同时致以最美好的祝福！祝大家元旦快乐！新年前程似锦！

岁月不居，天道酬勤。在即将过去的2011年里，我系在学院领导和各处室系部的关心支持下，在全系师生的共同努力下，以创先争优为载体，以践行科学发展观为动力，以争创"省示范、省一流"高职院为重点，以全面提高教学质量和学生管理水平为中心，不断深化教育教学改革，强化内部管理，狠抓校风、学风建设，以蓬勃向上的精神面貌、求真务实的工作作风，团结一心、奋勇拼搏、与时俱进、开拓创新，在各个方面取得了较好成绩。在此，我向一年来为我系建设与发展付出心血和汗水的全系师生致以崇高的敬意！

流金岁月，铭刻发展的历程；似水年华，传承奋进的誓言。回首过去，我们豪情满怀，慷慨激昂；展望未来，我们踌躇满志，信心百倍。新的一年开启新的希望，新的起点

承载新的梦想，新的一年鞭策我们续写新的辉煌！

目前，我院争创省示范性高职院校的美好发展蓝图已在我们的面前展现，"做大做强、再创辉煌"是全系师生的强烈愿望，"系兴我荣、系衰我耻"是全系师生的共同心声，"团结拼搏、争创一流"已成为全系师生的一致行动。我坚信，在新的一年里，只要我们全系师生以更加饱满的精神，更加昂扬的斗志，更加扎实的工作，齐心协力、奋勇拼搏，刻苦学习、努力工作，我们一定会在新的一年里更有作为，一定能为实现我院、我系的跨越式发展做出更大的贡献！

最后，预祝元旦文娱晚会取得圆满成功，祝各位领导、老师、同学们元旦快乐，身体健康，阖家幸福，万事如意！

珍惜荣誉做表率 不忘使命加油干

——学代会、团代会致辞

各位代表，各位老师、同学们：

大家好！

秋风送爽，丹桂飘香。今天，我们又迎来了我系新一届学代会、团代会，这是我系师生政治生活中的大事，我谨代表系党总支、行政及全系师生对学代会、团代会的胜利召开，表示热烈的祝贺！

学生会和共青团是学院党委领导下的学生"自我教育、自我管理、自我服务"的青年先进组织，是党的得力助手及后备军，是党联系青年的桥梁和纽带，亦是学院党政工作的得力助手，这一性质决定了学生会、共青团在学校工作中占有重要地位，决定了其在学生群体中的影响作用。可以说，学生会和共青团是引导和带领全系学生共同进步、奋发进取的优秀组织，是为学生服务、维系学校良好校风及学风、有着强大凝聚力和战斗力的光荣团队。

在全系师生的密切配合、大力支持下，在全体学生会和共青团干部的辛勤工作下，我系的学生管理工作和共青团工作取得了一些成绩，这为我系学生创造了一个良好的学习生活环境。在此，我代表系党总支对上一届干部的辛勤工作表示衷心感谢。今天，我们再次

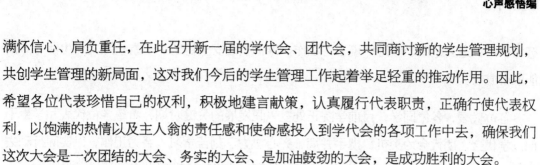

满怀信心、肩负重任，在此召开新一届的学代会、团代会，共同商讨新的学生管理规划，共创学生管理的新局面，这对我们今后的学生管理工作起着举足轻重的推动作用。因此，希望各位代表珍惜自己的权利，积极地建言献策，认真履行代表职责，正确行使代表权利，以饱满的热情以及主人翁的责任感和使命感投入到学代会的各项工作中去，确保我们这次大会是一次团结的大会、务实的大会、是加油鼓劲的大会，是成功胜利的大会。

新的征程开启新的希望，新的梦想承载新的辉煌。全系师生对本次大会寄予了极高的期望，也赋予了我们新一届学生会、共青团更大的历史责任，借此机会，我也对即将产生的新一届学生会、共青团干部，以及在座的学生代表们提出几点要求和希望。

首先，希望学生干部能不断地提高自身的思想道德文化修养，争当以身作则的模范。学生的综合素质是衡量一所学校水平的重要指标，提高学生的综合素质，特别是加强学生思想道德文化修养的建设，对于学生自身及学校的教育、教学质量意义重大。学生会在学生群体中有没有凝聚力和向心力，学生干部在学生群体中有没有威信，其根本在于学生干部能不能以身作则，能不能团结和联系广大学生，并切实为广大学生服务好。因此，希望新一届的干部们，一定要加强自身综合素质，树立良好作风和精神面貌，成为道德楷模、纪律先锋、学习尖子、工作能手、技能标兵、学生管理骨干。

其次，希望学生干部能珍惜荣誉，明确责任，不断提高学生会和共青团的吸引力、凝聚力、战斗力。能成为学生干部中的一员，是老师和同学对我们的信任及鼓励，我们一定要倍加珍惜，更重要的是一定要把这份信任转化为责任，努力工作并做出成绩。学生会要成为"学生之家，师生之桥，干部之校"，就必须进一步发挥好系部联系学生的桥梁及纽带作用，深入学生群体，倾听学生的呼声，反映学生的意愿，注重吸纳各方人才及其建议与想法，急学生之所急，想学生之所想，从一点一滴做起，通过实实在在的工作举措，多为学生的健康成长办实事、做好事、解难事。我相信，通过新一届学生会及共青团干部的共同努力，工业自动化系学生会、共青团必将成为特别能团结、特别能吃苦、特别能战斗的集体，必将成为学院最具有吸引力、凝聚力、战斗力的学生组织。

再次，希望新一届的学生会干部们能以求真务实的精神投入工作，讲究方法，精诚团结，积极进取，用我们的智慧、热情、责任与爱心去营造良好的校风及学风，在引导学生努力学习、遵守纪律、做好环境卫生工作、维护校园安全稳定、丰富校园文化生活等方面能取得成效。

各位代表，各位同学，目前学院正处在兴旺发展的关键时期，希望各位代表和学生干部以学代会、团代会为契机，携手并肩、齐心协力、刻苦学习、努力工作，以实际行动去创建一个更加温馨、更加和谐、更加美丽的校园，为学院的发展做出更大的贡献。

最后，预祝大会圆满成功！

根除陋习提升素质 文明守纪共创美好

——2016年在全系"根除陋习提升素质
文明守纪共创美好"活动动员会上的讲话

同学们：

大家晚上好！

流金岁月，书写辉煌历程；似水年华，传承奋进誓言。同学们，今晚我们在这里集会，进行励志教育和革命传统教育，举行"治陋习，拒绝早餐进教室；强作风，文明守纪我先行"活动誓师大会，意义重大，使命光荣。这事关我校能否有一个风清气正的良好氛围，事关我们全系学生能否有一个文明舒适的生活环境，事关全系学生能否成为有着良好素质的社会优秀人才。今天，我以"根除陋习提升素质 文明守纪共创美好"为主题，跟同学们进行一次深入交流，希望同学们能提高意识、获得启示，更能在日后付诸实际行动。

有人说，"好看的皮囊千篇一律，有趣的灵魂万里挑一"，光有好看的皮囊，经受不住岁月无情的摧残，兼备有趣的灵魂，才会赢得一生的精彩。"有趣的灵魂"可以理解为一种好的思想、好的习惯、好的作风、好的言行、好的生活情趣，总体来说就是具备良好的修养。一个人的修养对一个人的成功起着决定性作用，良好的修养会给人带来无数的赞美并赢得更多的发展机会，是个人的宝贵财富。一个纪律严明、作风优良，端庄大方、气宇轩昂、举止优雅、言行得体的人，是很受人喜爱和尊敬的。

目前，我们学校在很多方面都受到了社会的高度好评。我们的学生迟到早退的现象微乎其微，学生们较为刻苦认真、知书达礼、乐观向上，这些优异表现为学校赢得了良好的社会声誉，使我们全校师生的社会形象变得更加高大，这是值得我们骄傲和自豪的事。虽然我们在很多方面做得很好，但仍存在一些与我们身份和形象格格不入的陋习，那就是带早餐进教室，课间吃早餐的习惯。同学们看看每天的第一、二节课的课间，这些行为确实构成了一道极不雅观的风景，很多同学早上起床起晚了，饿着肚子来上课，心思自然不在课堂上，都急切地盼着早点下课，然后蜂拥挤向学校后街的早餐店，一边吃着早餐，一边随手乱扔垃圾，教室里也弥漫着一股葱花味，这很难与示范性高校纪律严明、严肃认真、规范有序、文明和谐的校园氛围相匹配，很难与大学生应有的形象相匹配，这是一种自由散漫、责任心缺失的行为表现，是严重损坏学校和学生个人形象的陋习，这一不良习惯将影响我们今后的前程和发展。

"播种一种行为，收获一种习惯；播种一种习惯，收获一种性格；播种一种性格，收获一种命运。"这从侧面说明了习惯的重要性，它往往起源于看似不经意的小事，却蕴含了足以改变人类命运的巨大能量。好习惯让人受益终生，坏习惯往往使人深陷泥潭。如果我们把这种不好的习惯当作是一种理所当然，我们就不会被别人尊重，就会错失很多发展的机会。

同学们，我们的作风关乎我们个人的成长，我们的言行举止代表着郴州职院的形象，因此我们一定要做纪律严明、作风优良、热情开朗、自信自强、诚实正直、奋发进取、行为规范、勇于革新的人，这样不仅能使我们的校园更和谐美丽，也能使我们自身更加光彩夺目。今天，我在这里向全院乃至全校同学发出倡议：全体同学要认真学习校纪校规和《学生日常行为规范》，树立现代文明意识，争做文明人；勇于向陋习开战，从身边小事做起，养成良好的文明行为习惯；勇于同各种有违道德行为规范的不文明行为做斗争，增强规范自己行为举止的自觉性和意志力，共同创建文明、和谐、美丽的校园，使自己真正成为一个具备高尚情趣、脱离低级趣味的人，有益于人民的人！

同学们，你们是走在时代前沿的天之骄子，是弘扬中华民族传统美德的中坚力量，要明白"一屋不扫，何以扫天下"的道理。早餐陋习不根除，何以创建文明和谐的校园？快行动起来吧！只要我们多一份对纪律严明、作风优良重要性的认知，多一份爱校如家、为校争光的集体荣誉感，多一份"言必行、行必果"的坚守，就一定能根除带早餐进教室、课间吃早餐的陋习，我们的校园才能变得更加和谐美好，我们才能开创更加美好的明天！

同时，借此机会，我向全体同学提几点要求：

> 一要理想崇高、信念坚定，在行动中爱国、爱党、爱校；
> 二要发奋学习、苦练本领，在学习中成长、成才、成功；
> 三要纪律严明、以身作则，在工作中创先、争先、领先；
> 四要身心健康、开心快乐，在生活中自信、自立、自强；
> 五要艰苦奋斗、求真务实，在实践中敢为、能为、有为。

校企合作结硕果 订单培养赢未来

——2019年，在旅游与公共服务管理系校企合作班 开班仪式上的讲话

各位领导、各位老师，各位企业朋友，同学们：

大家下午好！

校企合作结硕果，订单培养赢未来。今天，在这秋风送爽、丹桂飘香的时节，在全国人民喜迎伟大祖国成立70周年的喜庆时刻，由我们校企双方为同学们量身打造的订单班正式成立！在此，我首先代表校企合作中心向订单班的正式成立表示热烈的祝贺，祝我们的合作开心顺利、圆满成功，迈上新台阶，创造新辉煌！同时，向长期以来关心、支持我院办学发展的企业领导致以崇高的敬意和衷心的感谢！向我校旅游与公共服务管理系尽心为学生打造良好成长平台的精神表示由衷敬佩，也为同学们志存高远、积极进取，主动对接企业的精神点赞，希望同学们珍惜机会、信守承诺、刻苦学习、勤于实践、共同进步，踏实学习专业技能，努力提高服务本领，真正成为公司和社会需要的人才。

最后，祝愿公司财源广进、事业发达，祝愿旅游与公共服务管理系蒸蒸日上、欣欣向荣，祝愿同学们学业有成、群星璀璨。祝各位开心顺利、国庆节快乐！

谢谢！

发扬顽强作风 共创学校辉煌

——2018年军训成果汇报暨总结大会，教师代表发言稿

尊敬的各位领导、教官、老师们，亲爱的同学们：

大家上午好！

非常荣幸能够作为教师代表在这里发言。首先请允许我代表全院老师，向在这次军训中付出辛勤劳动的各位教官表示衷心的感谢，向在这次军训中认真负责的老师们表示由衷的敬意，向在这次军训中不畏艰辛、顽强进取的同学们表示诚挚的慰问，并对这次军训的圆满成功表示热烈的祝贺！

同学们，为期十天的军训，锻炼的是身体，熔铸的是理想；磨炼的是意志，弘扬的是精神；训练的是作风，锻造的是品格。通过部队教官们的严格训练，同学们真正发扬了"流血流汗不流泪，掉皮掉肉不掉队"的军人精神，同学们的纪律观念变强了、作风更顽强了、集体荣誉感更高了、精神更饱满了！大家展现出了勇于拼搏、积极向上的精神面貌，我为你们的成长和成熟感到骄傲，你们的精彩表现令我深受鼓舞，希望你们将军训时期展现出来的良好精神面貌及顽强拼搏的作风融入到今后的学习生活中去，同时希望你们能认真贯彻并落实以下几点：一要理想崇高、信念坚定，在行动中爱国、爱党、爱校；二要发奋学习、苦练本领，在学习中成长、成才、成功；三要纪律严明、以身作则，在工作中创先、争先、领先；四要艰苦奋斗、求真务实，在实践中敢为、能为、有为，争做一名

拥有真才实学、品学兼优的社会有用之才。

同学们，我们的学院是具有光荣传统及良好作风的学院。长久以来，全院师生恪守"厚德、笃学、重能、砺行"的校训，以求真务实、奋发进取的斗志，以爱岗敬业、精益求精的精神，为学院创造了一个又一个辉煌，使学院一步一步成长为湖南省示范性（骨干）高职院校，我为我们是学院的一员感到骄傲。作为学院的一名老师，我将继续发扬"严谨、务实、勤奋、创新"的工作态度，秉承"为人师表、求真育人、因材施教"的工作原则，担起教书育人的重要责任和光荣使命，争取做同学们的良师益友，为同学们的成长及成才贡献出自己的力量。

老师们、同学们，潮起正是扬帆时，学院正在开展实际行动，努力推动示范性、双一流高职院的建设，此刻，我们全院师生必须树立坚定信念，发扬团结协作、奋发进取的团队精神，努力争做优良校风学风的传承者、思想道德的示范者、学习工作的领跑者、和谐校园的创建者，为实现我院的跨越式发展，为创建一个更加温馨、更加和谐、更加美丽的校园贡献自己的青春和力量！

最后，祝各位领导、老师、教官们身体健康，工作顺利！祝同学们生活愉快、学业有成！祝我们的学院蒸蒸日上，再创辉煌！

撸起袖子加油干 开创工作新局面

——2017年上学期开学，全系教职工大会上的讲话

尊敬的各位老师们：

春回大地，万象更新。我们刚刚度过一个开心祥和的春节，即将迎来充满希望的新学年。新的一年开启新的希望，新的征程承载新的梦想，新的跨越召唤新的辉煌。在此，我谨代表系党总支、行政向全系教职员工致以新春的问候和美好的祝愿，祝愿大家新年工作顺利、万事如意！

春华秋实，岁物丰成。回望2016年，我们全系教师始终坚持社会主义办学方向，紧紧围绕"做大做强我系"这个目标开展工作，各位不忘初心、凝心聚力，携手共进、持续发力，砥砺前行、善作善成，较好地完成了各项教学管理工作，开拓了发展的新局面。

今天，我们在去年的良好基础上，又正式踏上了谋划我校、我系明日辉煌的新征程。目前，学院发展的总目标、总战略、总路径已经确定，工作的总基调和主攻点已经明确，我们必须要认清形势，盯紧目标，以前瞻性的眼光、创新的意识和不懈的奋斗，牢牢地抓住发展的主动权，拿出"不到长城非好汉"的决心，树立"吹尽狂沙始到金"的毅力，坚定不移地朝着学校的总目标努力前进。同时，我们还要更清醒地认识到：实干，才能书写精彩答卷；奋斗，才能实现宏伟蓝图。"天上不会掉馅饼"，努力奋斗才能梦想成真。有了良好的规划，还需更为务实的行动，"一分部署，九分落实"，要做好今年的工作，关键得靠全系党员干部和全体教职员工的努力。我们必须树立"学校兴衰、人人有责"的主人翁思想；坚持"谋而后定，行且坚毅"的工作作风；秉持"务实、踏实、求实"的工作态度；发扬"抓铁有痕、踏石留印"的工作精神。我们要心往一处想、智往一处谋、劲往一处使，切实做到：紧盯目标抓执行，细化任务抓执行，明确责任抓执行，转变作风抓执行，坚持"细"的标准、"严"的要求、"实"的作为，心无旁骛、脚踏实地、苦干实干，撸起袖子加油干，扑下身子抓落实，确保学校党委行政的决策部署执行到位，确保各项工作落到实处。

一要满怀豪情地干。经过几年的努力，学院由举步维艰到强势发展、由默默无闻到省级示范，在座的各位都亲眼见证并亲身经历了学院转型发展的全过程，都切实感受到了学院发展所带来的"红利"。省示范院校的建成、示范性特色专业群的立项、生源结构的转型以及二期扩建提质改造，等等，都标志着学院已经迈入了良性发展的轨道，列入了全省高职院校的第一方阵，站在了新的起点。为此，我们要更加充满信心，更加充满激情，更加满怀豪情地干好我们的每一项工作。

二要脚踏实地地干。"天下大事必作于细"，做人要正，做事要实。一个人固然要有远大的理想和抱负，但更重要的是要脚踏实地地做好每一件事。我们做任何事情都不要好高骛远，而是要踏踏实实，持之以恒，只要用心努力干好一件事，每年的工作都会比上一年提升一个高度，平凡的岗位和事情也会干出不平凡的业绩。在座的每位同志，尤其是系干部，更要"在其位、谋其政、尽其责"，切实担负责任，敢抓敢管，敢做敢当，遇到困难不退缩，分内工作不推诿。针对今年的重点工作，要制定切实可行的工作计划和推进方案，将任务落实到岗位、量化到个人，构建"千斤重担有人挑、人人肩上有指标"的工作格局。同时，要加强对重点工作的调度、检查督导和考核考评，一项一项抓，一个节点一个节点推进，对已经落实的工作问效果、对正在落实的工作抓进度、对没有落实的工作找原因、对落实不力的人员查责任，确保每项工作、每个环节都不落空、不出错。针对学生的日常教育管理及安全稳定工作，以及师生关注的热点、难点问题，则要坚持经常抓、抓经常，反复抓、抓反复，持久抓、抓持久，一抓到底。要进一步完善工作推动机制和考核奖惩机制，形成鼓励真抓实干、积极作为的良性机制和鲜明导向，有效解决"不想为""不善为""不敢为""乱作为"的问题。

三要团结协作地干。习近平总书记曾将"团结"生动地喻为"指头"与"拳头"的关系，一个"指头"劲再大，其他"指头"如果不"握拳"用力，也难以体现出"拳头"的合力。我们的工作任务很繁重，不是某一个人能干成、干好的，因此大家务必牢记"指头"和"拳头"的关系，必须发挥全体教师的智慧和力量，加强相互之间的协作、相互之间的配合、相互之间的理解，齐心协力，众志成城，形成"拳头"的合力，真正构建既各负其责、又协同配合的互动、联动工作大格局，确保每项工作都能落地生根、开花结果。

四要开拓创新地干。俗话说："一步领先，步步领先"，创新发展才能可持续的发展，才能立于不败之地。我们干工作不能埋头苦干、按部就班，要破除惯性思维，打破常规惯例，主动适应新形势、新常态，用发展的思维看事情、想办法。学校的下一步改革，要打破许多旧框架，比如人才培养模式的改革、示范特色专业群的建设，还有分配制度改革，等等，都需要我们用超常规的思维和举措去推动，用创新的手段解决问题，要通过积极创新的工作思路，改进工作方法，以不断提高治校理教的能力。大家要不断加强学习研究，学以致用，克服本领恐慌，在工作及个人能力方面提层次、上水平。

老师们、同志们，一年之计在于春，发展之计在于干。事因行而至，业经为而成。面对新形势、新挑战、新机遇，2017年将是我校改革发展任务十分繁重的一年，是必须以严实作风促成高质量发展的关键之年，迫切需要广大党员干部和全体教职员工同心同德、群策群力、真抓实干，去推动、去完成。我们一定要时刻保持清醒坚定的引领力，增强担当作为的魄力，提高一抓到底的执行力，激发奋勇争先的创造力，以勇于担当、坚韧不拔、攻坚克难、只争朝夕的精神，以求真务实的作风和争创一流的标准，投身到各项工作中去，让我们以更加振奋的精神，更加顽强的毅力，更加务实的作风，践行新思想、融入新时代、实现新跨越，把我系和学院各项工作抓紧、抓实、抓好，努力开创我系发展和各项工作的新局面，创造无愧于伟大时代的新辉煌！

仰望星空奋发进取，誓做先进青年
脚踏实地精益求精，争当优秀教师

——2020年，在学校新进教师座谈会上的讲话

各位新进的老师：

你们好！

心有交集总相见，情若深沉同处欢。各位青年老师怀揣着对事业的追求，对教育的热爱，对学校的向往，加入了郴州职业技术学院这个大家庭，我代表教务处对你们的加入表示热烈欢迎，并祝愿你们工作顺利，前程美好，生活开心快乐！你们的加入为学校注入了生机和活力，带来了蓬勃的希望与朝气，增强了我们师资团队的力量。我相信，你们能快速地适应并全身心地投入新的教学工作，今后我校的教学工作定会更加欣欣向荣。

作为老教师，借此机会，我给在座的年轻老师们谈几点心得体会，与大家共勉。

一、既要仰望星空，也要脚踏实地

你们是富有朝气和活力的青年，你们文化水平高、视野开阔、才思敏捷、敢于尝试，你们都是追梦人，是初出茅庐的牛犊，是满怀豪情壮志的一代新人，希望你们日后能志存高远、仰望星空，不忘初心、砥砺奋进，持之以恒地为美好的未来去奋斗。因为只有志存

高远、仰望星空，心中才会充满激情和斗志，才会充满无穷的力量，才会在困难面前不推脱、矛盾面前不推诿、失误面前不推过，敢于担当、敢下"深水"、敢啃"硬骨头"，以钉钉子精神干好本职工作，用过硬本领展现新的作为，在激情奋斗中绽放青春光芒，在实践中实现人生价值。现在，我校正处在改革创新的关键期，学校在职教改革的大潮中面临诸多挑战，这也给了我们许多施展才华、大显身手、开拓一片新天地的发展平台和机会，只要我们矢志不渝、砥砺奋进，在学校这方土地上也能大有所为。同时，我们更应该清醒地认识到：成功绝不是轻轻松松、敲锣打鼓就能实现的，必须准备付出更为艰巨、更为艰苦的努力，我们要正确处理好"仰望星空"与"脚踏实地"的关系，既要仰望星空，也要脚踏实地。希望我们每一个年轻人不要心高气傲，好高骛远，更不能轻浮急躁、摇摆不定，坚决防止做而不深、做而不细、做而不实，一定要脚踏实地、勤勉敬业、埋头苦干，把自己的理想和脚踏实地、实实在在教书育人统一起来，将个人的成长进步融入学校建设和发展的进程中去，强化全局观念、大局意识、责任担当，做到言行如一、表里如一、始终如一，认认真真干好本职工作，积极主动承担上级安排的工作，少讲条件、多想办法，务实肯干，以实实在在的成绩来展现自己的才华和能力。

二、既要为人师表，也要提质赋能

老师是传统美德的传承者，是美好心灵的塑造者，是科技成果的传递者，是栋梁之材的浇灌者，这个群体肩负着祖国的千秋大业，承担着民族的振兴与希望。选择了教育，就是选择了奉献；选择了做教师，就是选择了做表率。为人师表是对教师的基本要求，是教师安身立命的根本，教师的一言一行都对学生起着潜移默化的作用。因此，我们作为老师，必须要强化自身的师德师风建设，一定要立场坚定、品德高尚、行为端庄、话语亲切，真正做到"三尺讲台，树起您高高的形象；两尺教鞭，挥洒您美好的品行"，以自身修养赢得社会赞誉，以优秀品行获得学生敬仰。

我们刚从学校出来或进入社会不久，在没有教学经验的情况下，要想成为一名好老师，成为一名学生喜欢的老师，成为一个有魅力的老师，成为名师、大师，就一定要肯吃苦、肯用功，要虚心学习，不断地提质赋能，坚持向书本学习，向实践学习，向同事学习，向一切先进的东西学习，汲取先进的教育经验，深入钻研教学规律，不断地丰富专业

知识、增长才干、积累经验。只有这样，我们才会在短时间内快速成长，成为教育工作中的中坚力量，才能创造出骄人的成绩，开拓出一片姹紫嫣红的新天地。

三、既要爱岗敬业，也要健康快乐

学校是我们赖以生存和发展的依靠，是我们幸福生活、尊严体面的保障，因此我们必须尽心尽力地呵护学校，时刻都要有"冲锋在前、舍我其谁"的忠诚担当。学校目前能提供如此优良的条件，是一代又一代郴职人共同奋斗的结果，这些成果汇聚了所有郴州职院教师爱岗敬业、无私奉献的智慧和力量。年轻人来到学校，进入一个新的单位，一定要尽快融入这个集体，牢固树立责任意识、服务意识和奉献意识，一定要发扬团队精神，千万不要自命不凡，自以为高人一等、胜人一筹，不把别人放在眼里，要与同志们团结一致，合作共事，做到"补台不拆台，主动不被动，成事不误事"，该承担责任时挺身上前，该出力流汗时鞠躬尽瘁，该协调沟通时提前介入，潜心工作、务实进取，尽心尽力干好本职工作，以实实在在的成绩为学校建设添砖加瓦，为学校的兴旺发展做出自己的贡献。

老师们，我们在爱岗敬业的同时，面对教师这个职业要有清醒的认识。教育事业是一个让人欢喜让人忧的工作，欢喜的是教育事业是受人尊敬的，是高尚且伟大的工作，在成就自己的同时温暖别人、回报社会；让人忧的是教育是清贫的、是付出的、是让人身心疲惫的一项工作，是一个责任重大、压力巨大的职业，需要我们付出极大的心血和耐心。现在的学生个性很强，思维活跃，行为有些捉摸不定，要教育引导他们学好、做好，绝非一蹴而就、轻而易举的事情。各位年轻老师要有这样的心理准备：当老师难，当好老师更难！我们当老师的，必须始终保持健康的心理、良好的心境，要守得住清贫、耐得了寂寞、受得了委曲、扛得住苦闷，只有保持身心健康、心情愉悦，我们才会端正心态，充满正能量，才会焕发出蓬勃朝气，才能正确处理好师生及工作中的各种关系，才能在教育教学活动中感受到生命的律动和活力，体验到人生的快乐与幸福，捕捉到生活的绚丽与精彩。希望我们各位年轻教师能淡泊名利、正确对待得失，开开心心从教、积极向上进取，在甘于平凡、执着坚守中创造属于自己的灿烂辉煌。

老师们，你们都是有抱负和梦想的青年，你们是我们郴州职业技术学院做大做强的希望所在。希望你们不断地自省、自砺、自律，在开拓创新中健康成长，想为、敢为、能为，在不懈追求中锻炼成才；肯干、实干、巧干，在顽强拼搏中获得成功。我相信，经过几年的磨炼，大家付出的是努力、收获的是成长，流下的是汗水、珍藏的是成绩，各位必将创造出无愧于时代、无愧于学校的丰功伟绩。

顽强拼搏迎挑战 务实进取创双高

——在2021年学校职教高地建设推进会上的建议

建设职业教育改革发展高地，为全国职业教育改革发展提供可复制、可推广的经验模式，这是深化职业教育改革、探索确立新时代中国特色职业教育制度和模式的重大举措。我校如何在职业教育创新发展这百舸争流的竞争局面中决胜，是全校师生必须直面的一个重要课题。全校上下一定要有"落后就会挨打，不进就会淘汰"的紧迫感和危机感，更要有"只争朝夕、不负韶华、顽强拼搏、奋勇争先"的责任感和集体荣誉感，为我校的职业教育提质培优、做大做强作出贡献。为了使我校职教高地建设取得实效，现提出如下建议和要求。

一、提高站位，深刻领会

建设职教高地既是时代发展所需，是国家深化高职教育改革的重大举措，更是我们职业院校面对挑战仍保持学校持续兴旺发展的历史责任和时代担当，容不得我们有半点懈怠，全校教职工要提高站位，充分认识职教高地建设的重要意义，深刻学习领会职教高地建设的核心要义和工作目标、要求。我们要抢抓机遇，顺势而为，乘势而上，科学谋划，在围绕提质培优、增值赋能发展的大势之下，制定切实可行的行动方案并落实推进计划，确保各项目标任务落地生根、富有成效。

二、明确目标，精心组织

全校教职员工要牢固树立职教高地建设必胜信心，明晰建设目标，坚持问题导向、需求导向、目标导向，着力补短板、激活力、提质量，推动学校改革创新发展迈向更高台阶。要以习近平新时代中国特色社会主义思想为指导，认真落实习近平总书记关于教育的重要论述及全国教育大会精神，牢固树立新发展理念，全面贯彻落实《国家职业教育改革实施方案》，坚持把发展职业教育摆在更加突出的位置，以立德树人为根本，以提质培优、增值赋能、深化三教改革、提升人才培养质量为主线，通过积极打造省际区域职教先行区，建立产教深度融合、同经济社会发展需求密切对接、与加快教育现代化要求整体契合的新时代湘南特色现代职业教育体系，这是大势所趋、民心所向、郴州所需、我校所能，先行先试、改革创新，率先形成职业教育高质量发展格局。要成立建设组织机构，制定方案、建立台账、加强宣传，明确任务分工，压实责任，努力把我校建设成为理念思想深邃、策略方法先进、特色亮点鲜明、成效业绩突出的，具有标志性、示范性、引领性的职教高地，为郴州乃至湖南实现区域现代化提供技术、技能人才支撑，助推郴州奋力实现在湖南"三高四新"战略中率先崛起。

三、凝神聚力，狠抓落实

各责任部门要解放思想、凝神聚力、大胆探索、勇担使命，要不等不靠，积极主动地与相关部门对接，拿出务实过硬举措，逐项认领、一项一策、建立台账、挂图作战。一方面要全面动员、精心部署，增强建设的紧迫感、责任感，奋力推进双高和职教高地建设起步成势，突出质量攻坚，打造特色亮点，实现高地上有高峰。另一方面要瞄准重点、难点，攻坚克难，扫清拦路虎，踏平绊脚石，确保各项建设任务卓有成效。学校各责任部门要教育引导广大师生，力争人人参与，实现个个出彩，确保作风在状态、工作在状态、精神在状态、责任在状态，以时不我待的紧迫感，深化改革创新，勇于攻坚克难，坚决打好这场事关学校生死存亡、发展壮大的硬仗，力争"一年成式、二年成是、三年成事"，以实实在在的成绩为职业教育的改革贡献力量。

四、加强督查，扎实推进

学校要加强对职业教育创新发展高地建设的领导，建立相应的工作落实推进机制，加强和完善相关的激励考核办法，建立此项工作的定期督导评估和专项督导评估制度，将建设任务列入督查事项、纳入督导评估范围，每个学期督查调度一次工作进展。全校上下要凝聚共识、形成合力，协同联动，推动每一件工作、每一项任务、每一个环节落地见效，努力开创我校职业教育改革发展的新局面。

面对新机遇、新挑战、新任务、新要求，我们必须清醒地分析阻碍我校职业教育改革发展的痛点、难点和堵点，进一步解放思想、凝聚共识，树立"为有牺牲多壮志，敢教日月换新天"的职教豪情，保持"黄沙百战穿金甲，不破楼兰终不还"的坚定决心，发扬"有志者，事竟成，破釜沉舟，百二秦关终属楚；苦心人，天不负，卧薪尝胆，三千越甲可吞吴"的顽强毅力，直面外部环境和内部办学压力，务实进取、开拓创新，把握好职教发展的大好时机，明晰职教高地建设的核心要义，精准把握职教高地建设的基本要求，制定决胜职教创新发展高地建设的路线图、实施图、效果图，切实打造人才培养的"双高校"、综合改革的"先行校"、服务发展的"品牌校"、开放办学的"示范校"，确保我校职业教育改革发展高地建设既展示时代发展要求、职业教育应有的本质特征，同时又彰显为湖南实现"三高四新"战略和为郴州"一极六区"经济社会发展提供技术技能人才支撑的自身特色，为全省推进职教改革发展高地贡献郴州力量。

满怀期待职教郴州行
竭诚服务梦想定成真

——2021年，在教务处处长培训班上的感谢和邀请发言

尊敬的省厅、学校领导，处长同学们：

大家好！

年年岁岁花相似，岁岁年年"会"不同，今年的教务处处长研修培训既有专家的"饕餮盛宴"，又有很接地气的"百姓杂谈"，感觉多了些返璞归真、求真务实的乡土气息，形式多样有趣，效果丰硕明显，感谢省厅领导和班委会成员的精心策划，良苦用心，让我们在这紧张而充实的几天培训时间里开拓了自己的视野，学到了很多真经良策，收获满满，受益匪浅。

刚才，舒所长宣布了一个令我倍感欢欣鼓舞的好消息，2022年的教务处处长研修班将移师郴州，我惊喜万分，倍感振奋且满怀期待，特地向舒所长请求，想在今天的培训总结会上做一个邀请发言，主要想表达三层意思：一是介绍一下自己，提前与大家认识一番；二是表示衷心感谢；三是发出诚挚邀请。

我是郴州职业技术学院教务处的刘旺林，我不像其他一些处长们风流倜傥，是人人仰慕敬畏的职教"大咖"。我是来自偏远地区的"井底之蛙"，习惯了坐井观天，再加上自己才疏学浅，不承想当上了教务处处长，才有了与各位处长一同学习培训的机会。为什么这样说呢？2021年底学校领导找我谈话，说我校是最没钱的地方性高职院校，职教改革的挑战十分艰巨，教学管理的难度还很大，想要我尝试做教务处处长。校领导坦诚地跟我说："学校如果办学经费用不完，这个职务不一定轮到你，正是因为学校没有钱，这个处长你还真是责无旁贷。"之后领导又表示，"谈钱不伤感情"仅仅是电视节目里的说辞，"做好事不谈钱"则是学校最大的挑战，这个挑战非我莫属。对此，他们说了三个理由：一是我教育（自己）的孩子和培养的学生都不错，没有人会质疑我教育方法的合理性；二是我头上那几根稀稀拉拉的头发，干脆让它们全部下岗，说不定会更潇洒；三是我看似聪明绝顶，其实还是个"大傻"，虽然有工作态度好、肯干实事的优点，但很多方面不谙世事、孤陋寡闻，还有许多地方需要培养锻炼，教务处是个锻炼人的地方，我若到教务处去锻炼锻炼，说不定50年后也是一条好汉、一个与各位齐名的"大咖"。我当时一想，还有机会成为好汉"大咖"，头脑一热就说服从组织安排吧，就这样稀里糊涂地当上了教务处处长。但第二天冷静下来一想，不对呀，50年后我早已魂归故里，好汉"大咖"从何谈起？想起来，领导给我的定位还真是恰如其分呀。但既然当上了教务处处长，我也不能辜负领导对我的信任，不能辜负老师们的期待，在其位还得谋其政，明年的教务处处长研修培训在郴州举办，我得尽力把这次活动办好，给大家提供一次温馨满意的服务。由于在座的各位可能还不认识我，我只好借此机会在此亮亮相，方便大家届时莅临郴州指导工作时能认得我，为我们之后的工作交流带来便利。

二来我想要表达衷心的感谢。郴州职业技术学院如同许多地方性高校一样，远离关注的中心地带，没有区位优势，又没有行业背景，很容易被人遗忘。但省厅领导始终满怀"一枝独放不是春，百花齐放春满园"的宏大格局和大爱情怀，对地方性高校不离不弃、疼爱有加，把这样大好且难得的机会留给我们地方性高校，组织全省的职业教育专家们、行家里手们去学校传经送宝、把脉问诊、加油鼓劲，我们感到了温暖，同时深受感动，也增强了信心、充满了希望。在此，我代表郴州职业技术学院教务处感谢省厅领导的厚爱，感谢同行们的大力支持和关心。今后，我们一定会继续发扬"不待扬鞭自奋蹄""逆境中奋起、苦难中开花"的拼搏精神，庶竭驽钝、躬耕勤作，努力达到笨鸟先飞、勤能补拙的成效，力争不拖湖南职教的后腿，为湖南实现"三高四新"战略和职教高地建设工作贡献郴州力量。在此我也提点建议，望省厅今后建立和完善职教精准扶贫、双高校与弱势校结

对帮扶、优势资源共享的机制体制，在不谈钱办好事的挑战中真正实现湖南职教群鸿飞四海、处处展芳华。

最后，我想发出诚挚的邀请。郴州虽为偏远地区，但毕竟是湖南的"南大门"，是对接粤港澳大湾区的"桥头堡"，也是湖南承接产业转移的试验区，是全国优秀旅游城市，是一片红色的热土，更是"心遂所愿、愿遂所归"的福地。此外，郴州也是中国女排的腾飞之地，中国女排能成就五连冠的辉煌，郴州是助力者，是见证者。总之，郴州的山好、水好、人更好！我诚挚地邀请各位领导、同仁们随时莅临郴州指导工作，2022年我们郴州再相聚！

祝各位领导、同仁们身体健康、工作顺利、一切安好！

管理培训编

历尽风雨，默默坚守，方能长成参天大树。

赢在执行 贵在坚持

——2014年学院辅导员培训讲义

尊敬的各位领导、老师们:

大家下午好!

今天能在这里发言,我感到很高兴,同时又有点忐忑。高兴的是能有一个与领导、老师们一起学习交流的机会;忐忑的是学院领导如此重视辅导员队伍的建设,把这样一个重要任务交给我,我担心自己说不好。学生处的谢梦姗处长说:"你就说说执行力的问题吧!"说到这个问题,我欲言又止,本身就是要说执行力的问题,我如果不执行,于情于理都说不过去。因此我恭敬不如从命。在座的领导、老师们都是这方面的行家里手。如果我有说得不好、不对的地方,烦请大家批评指正。谢谢!

有时候同学、朋友等熟人聚会,时常会有人说道:"你们当老师真好!待遇不错,假期又多。"有时候连在重点中学当老师的同学也说:"你们比我们舒服,没有升学压力,很羡慕你们!"每每听到这些话,我只能笑笑,其实我们心中的那个苦呀,它没法说清楚。于是,我只好跟他们半开玩笑似地说:"我年轻的时候还是有点帅吧,也算是满头青丝吧,现在你们看看我是什么模样?老气横秋、'聪明绝顶',你们还羡慕这样的我吗?"如此这般,是什么原因造成的?就是因为当老师,特别是从事辅导员、班主任、学生管理工作十多年,太过于操心了。现在的学生特别难管理,学生不听话,做老师的难免

要生气，一生气，就容易"怒发冲冠"。说句心里话，我们当老师的，特别是当辅导员、班主任、从事学生管理工作的老师，责任尤为重大，面对工作，确实要付出很多的心血。但在付出了很多的心血，效果还不一定好的时候，更是有一种悲哀的感觉，我想在座的各位老师们应该深有体会。今天，我说这些，不是来发牢骚的，更不是要老师们放弃这项工作。你们想想，无数革命先烈为了新中国的建设发展，抛头颅、洒热血、忍辱负重、赴汤蹈火、舍生忘死，他们大无畏的革命精神和奉献精神岂是我们现在能比的，如今我们吃的这点苦、遇到的这些困难只不过是冰山一角，因此我们不能有丝毫的懈怠和畏难情绪。教育事业和学院的发展壮大，以及我们的幸福生活，都要求我们必须忠诚于党的教育事业，勤勤恳恳、爱岗敬业、开拓进取、无私奉献。我之所以要说这个话题，就是因为教师是光荣和神圣的职业。

怎样将教师，特别是辅导员这个岗位打造得既光荣神圣，又充满快乐和自豪感？这值得我们探索。这是一个博大精深的课题，不是单凭三言两语就能说得清的，我今天只是从很小的一个方面，即"如何提升学生工作执行力"方面来谈谈我的看法，目的是加强与老师们的沟通交流，以期在今后的工作中能互相学习，使我们今后的工作能更加和谐、充满快乐！我在这里强调一点，之后在宣讲的过程中，会涉及我们身边的现象和实例，难免会与一些教师产生关联，还请诸位老师予以谅解。

所谓执行力，就是贯彻战略意图、完成预定目标的操作能力。通俗地说，就是不折不扣、保质保量地完成工作和任务的能力。具体地说，就是把握规律、创造性开展工作的能力，是化解矛盾、解决问题的能力，是狠抓落实、坚决完成任务的能力，是将思想转化为行动、把理想变成现实、把计划变为成果的能力。总而言之，执行力就是"贯彻落实"的能力。

执行力是干好一切工作的前提和关键，"没有执行力，就没有竞争力。"军事上亦有句话："三分战略，七分执行。"邓小平同志说过："世界上的事情都是干出来的，不干，半点马克思主义都没有。"这说明：决策再好、思路再好、制度再好，没有强有力的执行都是纸上谈兵；缺乏执行力，计划就会打折，机会就会丧失。执行力能够转化为强大的凝聚力、向心力、战斗力、统筹力、协调力、生产力、竞争力、创新力。

执行力是如此的重要，那么执行力来自何处？执行力是靠高度的责任心"干"出来的，是靠脚踏实地的工作"拼"出来的，是靠齐心协力"做"出来的，是靠每位干部员工以身作则"带"出来的，也是靠开拓创新"闯"出来的。

一、态度和责任，是落实执行力的基础

提高执行力，就是要加强人的执行能力。这里面，人的因素是最重要的。高效执行力不是依靠工作经验丰富，而是依靠每个人对制度、措施的不折不扣的贯彻。而这种贯彻执行最终还得靠每个人的责任心，责任心的强弱决定了执行力的高低和执行效果的好坏。"态度决定一切"，有了正确的态度就会有高度的责任心，有了高度的责任心，才会有强大的执行力。

"三个石匠盖房子"的故事，是说有人问三个盖房子的工人在做什么。第一个人说自己在打工，为了赚钱养活家人；第二个人说自己在盖房子；第三个人说自己在做艺术，在雕刻。多年以后，有的人依旧在原地踏步，有的人却成了行业的领头人。每个人对自己所做的工作认识不同、看法不同，各人的态度与责任感不同，最终达到的效果也会不一样。

这里我还想到一个关于责任心与执行力的故事：有个老木匠准备退休，他告诉老板，自己要回家为妻儿建一座房子，与妻儿一起生活，享受天伦之乐。老板舍不得这个木匠，但也没有强留，只是请木匠最后一次建一座房子。老木匠答应了，但他的心思已经离开了工作，在选料、用料、做工上不再认真，而是随便应付，做出来的结果可想而知。房子建好后，老板把钥匙递给他说："这是你的房子，是我送给你的礼物。"老木匠目瞪口呆，顿时羞愧得无地自容，一边感谢老板，一边痛心疾首，陷入了深深的懊悔之中。试问，如果老木匠早知道是要给自己建房子，他还会这样做吗？这个故事告诉了我们责任心缺乏与执行力缺失的必然联系，我们在日常工作中的所作所为，不只是为了别人，还是在构建我们明天的生活。

还有一个典型案例：致加西亚的信。在美西战争爆发后，美国必须立即跟古巴的起义军首领加西亚取得联系。加西亚在古巴丛林的山里，没有人知道确切的地点，无法带信给他，但美国总统必须尽快与他建立合作。这时，有人对总统说有一个叫罗文的人，他有办法找到加西亚，也只有他才能找得到。他们把罗文找来，交给他一封信让他带给加西亚。关于那个叫罗文的人，如何拿了信，把它装进一个油布制的袋里，封好，吊在胸口；如何

划着一艘小船，四天之后的一个夜里在古巴上岸，消失于丛林中；如何在三个星期后，从古巴岛的另一边出来，徒步走过一个危机四伏的国家，并最终把那封信交到了加西亚的手上——这些细节都不是重点，重点是：美国总统把一封写给加西亚的信交给了罗文，而罗文接过信之后，并没有问"他在什么地方？"。罗文的事迹通过《致加西亚的信》这一本小册子传遍了全世界，他成了忠诚、敬业、责任、执行的象征。

上述几个案例说明，责任心是做好工作的第一要素，是贯彻执行的关键所在，比任何能力都重要。因为有了责任心，工作就会很努力、很认真、很仔细，这样就可以确保工作少出错；因为有责任心，就能够顾全大局、以大局为重，能够服从、协调配合把工作做好，这样可以减少许多工作矛盾；因为有责任心，就能够主动地想问题、干实事，执行工作前做好周密计划并充分准备，从而把工作做得井井有条；因为有责任心，就能够说到做到，有始有终，承诺过的东西就一定会负责到底，值得信赖，能够减少上级的担忧，让彼此的协作进入良性循环；因为有责任心，才不会一遇到问题就打退堂鼓，而是会想尽一切办法去解决问题，会把圆满完成工作当成自己的义务。

我们的学院也不乏这样的典型，例如，为了搞好学生宿舍管理，学生处及宿管科的几个老师想了很多办法：宿舍的调整、每周的卫生抽查、宿舍的文化艺术节、等等，他们为此做出了很多努力。这一年，我们的宿舍管理工作有很大的起色，这与他们的责任心是分不开的。还有许多辅导员，他们对军训认真负责，对班级管理尽心尽力，这都是我们学习的榜样。

作为辅导员和学生管理工作人员，我们执行力的最大体现就是如何把学生管理好，这是我们事业的追求和目标。目前，我院的学生管理工作虽然总体趋于平稳，但与其他示范性学校比起来，在学生的学习风气、到课率、教室和寝室的内务整理、学生的综合素质等方面的差距，我认为还很大。我们时常抱怨现在的学生很散漫，很不听话，但有时候我在想，是什么原因导致了这种现象呢？难道跟我们所做的管理工作没有关系？这恐怕与我们有较大关系。我举一两个例子，我们要求学生不迟到、不旷课，可我们有时候系部老师开会，人员都很难到齐、很难准时；我们本期的就业"一把手工程"督察，学生处和系部要求学生把教室、寝室卫生搞好，我们又有多少辅导员深入下去落实了呢？总是撂下一句话要学生去落实，做老师的自己却没去落实，长此以往，学生就会模仿我们，我们的言传身

教的作用就会在学生身上体现，这值得我们反思。

二、形成合力是提高执行力的强大动力，团队精神和集体荣誉感是提高执行力的最大推动力

执行力不是要一个人勇猛直前、孤军奋战，而是要设法融于团队、共同奋斗，只要大家志同道合，拧成一股绳，人人想办法、个个要效率，就容易形成共识，就能够形成强大的合力，就能确保从整体上提高执行力，达到事半功倍的效果。

团队作用是非常巨大的。在非洲大草原上，如果见到羚羊在奔逃，那一定是狮子来了；如果见到狮子在躲避，那就是象群发怒了；如果见到成百上千的狮子和大象集体逃命的壮观景象，那是什么动物来了？那就是蚂蚁军团！一只蚂蚁是何等的微弱渺小，任何人都可以随意处置它，但面对它的团队，连兽中之王也要退避三舍。个体再弱小，没有关系，不要自卑，与伙伴精诚协作，就能变成"巨人"。蚂蚁的精神值得我们时刻铭记和学习，蚂蚁是勤劳、勇敢、无私、且富有团队精神的动物，它们势如卷席、勇不可当，团结奋进、无坚不摧——这便是由一个一个弱小生命构成的团队力量！蚂蚁作为小小一只的低级动物，其组成的团队尚且如此威猛无敌，那作为万物之灵的人呢？"一人拼命，万夫难当"，这正是团队的价值所在。

我再举个例子，我们将一对关系很好的人和两个关系恶劣的人分别送去两个荒岛。在他们饥肠辘辘时，用一条渔船给他们分别送去一篓鲜鱼和一根钓鱼竿。关系好的两个人具有合作精神，他们高高兴兴地合力抬起那篓鲜鱼，然后拿起那根钓鱼竿，一边钓鱼，一边吃着鲜美的鱼，有说有笑，日子过得优哉游哉。而另外两个关系恶劣的人，其中一人抢起那篓鲜鱼转身就跑，抢得慢的人就只好拿起钓鱼竿到海边去钓鱼。结果，一个人鱼吃完了无以为继，另一个人因为体力不支钓不着鱼，只能继续挨饿，最后落得两人双双饿死荒岛的下场。由此可见，团队合作有时竟是以生命做筹码，是生与死的较量。

我们身边也不乏因团队合作而取得良好效果的案例。每年军训是我们看到学生比较听话的时期，军训时学生们表现出的遵守纪律、文明礼貌等良好作风让我们感到很欣慰。但当部队教官撤退后，我们当辅导员和系部书记的就有些头疼了。为什么会出现这种情况呢？难道我们老师相比部队教官，能力差了很多？我认为其中的重要原因，还是军训时期

所体现出的团队精神及其作用。军训时各团队统一目标、统一要求，统一行动、统一落实，强大的气场和战斗力迫使学生不得不遵守纪律要求。对此我想，我们学校是不是也能建立一支辅导"部队"，按照军训时的作风和要求，参照部队的日常管理来规范、实施，效果应该会大不一样。这很值得我们去探索。

有时我还感觉我们管理的团队还存在一些问题，对此，我们系部书记肯定难辞其咎。我系做得不好，我更是责无旁贷。有时候，我也想采取联防联动的方式去加强学生管理，例如早上督促学生起床，但不是这个老师有课，就是另外一个老师没来，有时候还可能听到"什么事都推到我们辅导员身上"这类抱怨。我认为，这还是因为我们老师之间缺少沟通，缺少换位思考，还没有形成合力，所以导致效率不高、效果不好！但我听说有些系部的个别年轻辅导员做得很好，平时空闲时会在一起交流学生管理工作中的心得体会，把管理中收获的好方法与他人分享。比如每周至少组织一次集体观影活动，让班上学生一起观看励志电影；早上联合一起查寝；等等。这些做法收到了很好的成效，我认为这是非常可取的，以团队力量来增强我们的执行力，这是值得我们学习和发扬的。

团队合作精神非常重要，因此，希望我们辅导员们精诚团结，齐心协力，心往一处想，劲往一处使，形成一股合力，充分发挥我们的才智和激情，积极主动地去打造一个强有力的团队，这样，我们在面对各项工作时，就能发挥出强大的执行力，我们的工作也会因此取得好成绩。

三、讲究方法是提升执行力的有效途径

要讲究方法、务求实效，以开拓创新的精神提升执行力。好的工作方法，是解决问题、推动工作的"润滑剂"和"催化剂"，能将复杂问题简单化、烦琐问题条理化，起到"四两拨千斤"、事半功倍的功效。做到苦干、实干加巧干，则会事半功倍；方法运用不当，则会事倍功半甚至事与愿违。因此，我们在具体执行工作时，要多想几个解决方法，把问题想周全些，这样执行起来就不会出现问题、留下后遗症。

四、贵在坚持是提升执行力的重要法宝

何谓持之以恒？持之以恒就是对某事某物的恒久的坚持，以及对待事物所表现出的恒

久用心，也就是说，无论做什么事，都要以恒心待之，坚持不懈，不轻易放弃。

《荀子·劝学篇》中说得非常好："骐骥一跃，不能十步；驽马十驾，功在不舍。锲而舍之，朽木不折；锲而不舍，金石可镂。"为何要持之以恒？因为持之以恒是助我们登上成功高峰的阶梯；因为持之以恒是帮我们渡过惊涛骇浪的帆船；因为持之以恒是为我们提供燃料的加油站。持之以恒，方能获得前进的动力！方能到达成功的彼岸。将持之以恒落实在我们的执行力方面，才会把事情做得更为圆满。

纵观历史长河中的古今中外成功人士，这其中，因为具有"持之以恒"精神并最终取得成功的例子比比皆是，如李时珍投身医学，尝百草，为后世留下宝贵医学财富；爱迪生致力于科学发明，研发了众多造福人类的发明产品；等等。我们对待学生管理工作，同样要有持之以恒的精神。比如我们群策群力、联防联动，坚持一个月、一个学期、一年，虽然过程辛苦，但如果能在全院学生中形成一种定势、一种习惯，甚至一种作风，那么我们今后的学生管理工作就不会年年辛苦、日日犯愁，以至于毫无成就感和愉悦感了。

总而言之：执行力是一种纪律，即接受任务不讲条件，执行任务不找借口；执行力是一种激励，即优胜劣汰，追求更好，力争更优；执行力是一种作风，即求真务实，一丝不苟，一抓到底；执行力是一种合力，即一种团队精神，一种团队力量；执行力是一种责任，即以身作则，尽心尽力，不达目的决不罢休。老师们，我们从事学生管理工作责任重大，使命艰巨。为了不辱使命，使我们的学生管理工作成为既光荣神圣，又快乐自豪的工作，使我们的工作更加和谐、更富战斗力和成就感，在此，我提几点要求与大家共勉：一要树立信心、坚定信念，在行动中爱国、爱党、爱校；二要开拓创新、苦练本领，在不断探索中成熟、成才、成功；三要爱岗敬业、以身作则，在工作中创先、争先、领先；四要敢于担当、求真务实，在管理实践中敢为、能为、有为。我们要将崇高的理想、坚定的信念、高度的责任感、强烈的集体荣誉感、伟大的团队协作精神、强有力的执行力、持之以恒的毅力投入到各项工作中去，为实现我院的跨越式发展，为创建一个更加温馨、更加和谐、更加美丽的校园做出更大的贡献！

谢谢大家！

发挥模范作用 争做优秀教师

——2016年工业自动化系党总支党课讲稿

教师是太阳底下最光辉的职业，振兴国家的希望在教育，振兴教育的希望在教师，教师队伍建设是关系学校发展进程和水平的决定因素，是学校的发展之基、竞争之本、提高之源。而在教师队伍中，党员教师又发挥着举足轻重的作用，党员教师们既是共产党员，又是人民教师，对于推动教师队伍建设和提高教学水平起着至关重要的作用。教师队伍建设的关键，是要看我们的党员在日常学习、工作和生活中是否发挥了先锋模范作用，党员教师应该充分认识到发挥模范带头作用的重要性，以强烈的责任感、使命感，积极投身到教育事业中，把党和国家对教育的要求落实到实际行动中。作为党员教师，要想发挥模范带头作用必须从以下几点入手。

一、要在坚定信念、为人师表上发挥先锋模范作用

新时期，我们党员教师要增强对改革开放、现代化建设的信心，要立足当前，脚踏实地做好每一项工作，要带头加强师德修养，争当为人师表的模范。教师师德修养的外在表现是他的言行举止，对学生有着耳濡目染、潜移默化的影响。教师的道德修养如何，不仅决定着教师育人水平的高低，也决定着教育改革和发展的成败。目前我们的师德、师风还存在问题，尽管这些问题是个别现象，但它却引起了人民群众的不满，也影响了广大教师群体的形象，其实质是党风和社会风气问题在教师队伍中的集中反映。要解决这些问题，

一要靠严格自律，二要靠榜样激励，三要靠"身体力行"。要求教师做到的，党员首先要做到；要求普通党员做到的，领导干部首先要做到。在工作、学习和生活中要注重发挥模范带头作用，成为教师学习的榜样。如果我们的每一位党员教师都能成为一名品德高尚的老师，就会影响和带动周围的人，我们的师德、师风就会有根本的好转。

二、要在勇于创新、教书育人上发挥先锋模范作用

"教书育人"是教师的基本职责，"坚持德育为首"不能只停留在口号上，更要落实到行动中。我们党员教师，要以自身优良的师德、师风，在育人上起到模范带头作用，要对学生负责。首先，对学生负责意味着对全体学生负责，公正平等、正直无私地对待不同相貌、不同性别、不同智力、不同成绩、不同个性、不同出身、不同籍贯、不同亲疏关系的学生，一视同仁；按照党的教育方针，满腔热忱地关心每个学生，热爱每个学生，从每个学生的不同特点出发，全心全意教育好学生。我们党员教师，不仅要关注学生的学业，更要关心学生的情感、态度、价值观；不仅要关注学生的学习，更要关心学生的生活、健康、品德和习惯。要帮助学生精心打造在未来社会生活和竞争中立于不败之地的核心素养，即民族精神、社会责任感、科学与人文素养、创新精神与实践能力、等等。其次，教师应尊重学生的人格，这种尊重既表现在对学生独特个性行为表现的接纳和需要的满足上，又表现在创设良好的环境和条件，让学生充分发现自己、意识到自己的存在，体验到自己作为人的尊严感和幸福感。

三、要在乐于奉献、爱岗敬业上发挥先锋模范作用

做出成绩的老师，他们最突出的特点是工作时表现出的那种有滋有味的幸福感：只要一听到上课铃声，他们就精神振奋，所有的疲劳都不翼而飞；只要一走上讲台，他们就激情荡漾，浑身都洋溢着蓬勃的朝气；只要在教室里、在学生身边，他们就能找准自己的位置。如果老师们都能进入这种状态的话，那各位老师的一生都是幸福的。古今中外的教育家，他们大多数都曾是普通教师，他们除了拥有爱心、责任感、扎实的学科知识和过硬的教育技能之外，还具有超于世俗的高远追求，具有崇高的理想和敬业精神，对自己钟爱的事业不遗余力地投入，能够做到像陶行知先生所说的，对教育事业有着"捧着一颗心来，不带半根草去"的献身精神，有着"为一大事来，做一大事去"的雄心壮志，有着"创造

出值得自己崇拜的人"的伟大胸怀。

四、要在勇挑重担、促进发展上发挥先锋模范作用

首先，每一个党员都要牢记党的宗旨，在学校的各项实践工作中，要区别于一般教师。作为党员教师，要为人师表、爱岗敬业，对自己要有更高的要求。要为一般教师做出榜样，率先垂范，努力创造一流的工作业绩。要吃苦在前，享受在后，工作上要不怕苦、不怕累，不仅要做好本职工作，还要做到有报酬的工作要认真做，没有报酬的工作乐于做，自己负责的工作精于做，临时性、事务性、琐碎性的工作争着做。面对荣誉，面对利益，面对享受，要讲风格，要讲谦让，要讲奉献。

其次，要勇挑重担、促进发展。对于党员个人来说，最主要的是立足本职，做好工作。对于党员教师来说，要不断提高业务素质，争当学科带头人、骨干教师。在平时工作中要勇挑重担，在教研中要敢为人先，锐意改革，使党员的先锋模范作用在本职工作中得到具体体现。立足本职，是既要完成已有的工作，又要开动脑筋、自加压力，积极寻找并增加新的工作量。要坚持高标准、严要求，不能只是一般地完成工作任务，而是要把工作做到好上加好、精益求精，能得一百分，决不得九十九。如果每个党员不但能把自己的事情做好，而且还都能带动一名群众把事情做好，那么学校的事情就一定能够办好。

五、要在遵守纪律，构建和谐校园上发挥先锋模范作用

构建和谐校园的关键不在于有无矛盾或矛盾大小，而在于能否及时发现矛盾，正确、妥善地化解矛盾。党员教师要按照学校党组织的要求，严守纪律，维护团结，要坚决支持系部党总支及党的民主集中制，充分发扬党内民主，严守党的纪律。党员教师要有大局观念、整体观念，要做到个人服从组织、少数服从多数、下级服从上级。只有众人齐力、团结协作，各司其职、各尽所能，齐心协力地把各项工作完成好，才能为建设和谐校园做出积极贡献。

国运兴衰系于教育，教育成败系于教师。我坚信，如果我们党员教师在学校深化改革和发展、构建和谐校园、推进素质教育的创新实践等各个方面都发挥先锋模范作用，争做人民满意的教师，学校的未来一定会更加美好！

三严三实严以律己 一生一世坦荡做人

——2015年，工业自动化系党总支"三严三实"
专题教育党课讲稿

同志们：

根据学院党委的部署，我系党总支于今天开展"三严三实"专题教育党课。今天的党课，既是一次在学院集中动员的基础上再动员和再部署的会议，又是一次提高认识、"补钙铸魂"的学习研讨会。全系党员老师、学生干部在这里一起进行"三严三实"专题的学习，就是要更加明确"三严三实"的重大意义，深刻领会"三严三实"的丰富内涵，切实增强践行"三严三实"的思想自觉和行动自觉，以更好的精神面貌、更优良的作风、更加务实的行动、更好的成绩推动学院和系部工作更上一层新台阶。

一、深刻认识开展"三严三实"专题教育的重大意义

习近平总书记提出的"三严三实"要求，从思想层面和实践层面对党员干部的精神状态、谋事理念、工作方法等作了系统精辟的概括，既提振了攻坚克难的精气神，又指明了干事创业的方法论，为我们抢抓机遇、破解难题提供了强大的思想武器。贯彻落实好"三严三实"要求，对于进一步巩固党的执政基础和执政地位，实现"两个一百年"奋斗目标和中华民族伟大复兴的中国梦，具有重大而深远的意义。

开展"三严三实"教育是落实从严治党的重要举措。全面从严治党，是新时期提升党的执政能力、执政水平的必然要求。当前，开展"三严三实"专题教育，就是要通过这样一个务实有效的载体，进一步严肃党内政治生活、严明党的政治纪律和政治规矩，进一步强化全面从严治党的思想自觉、政治自觉和行动自觉。可以说"三严三实"专题教育把握了从严治党的内涵和实质，抓住了从严治党的要害和关键，是我们落实从严治党的重要举措。

开展"三严三实"教育是深化作风建设的具体体现。近年来，我系上下通过严格落实中央八项规定，深入开展党的群众路线教育实践活动，"四风"问题得到有力整治，干部作风明显好转，改进作风有了一个良好的开端。但"四风"问题树倒根在、藕断丝连，"不能""不想"的问题还未真正解决，前面改了后来又犯的现象还不时出现，反对"四风"的思想行动自觉尚未完全形成，一些深层次的作风问题还没有得到根本解决。开展"三严三实"专题教育，就是要牢固树立"作风建设永远在路上"的思想，在抓常、抓细、抓长上下功夫，在"严"和"实"上下功夫，再添把火、再加把力，养成习惯、形成常态，把作风转变的好势头保持下去。

开展"三严三实"教育是加强党员干部教育的必然要求。习近平总书记提出的"三严三实"要求，不仅回答了"为何严、为何实"的问题，而且回答了"如何严、如何实"的问题，具有很强的问题导向性和现实针对性，既是加强党员干部教育管理的重要内容，更是新形势下加强党员干部教育管理的必修之课。

对于我们学院和系部而言，当前我院正处在实现省示范性高校目标的关键时期，面临后发赶超、跨越发展的历史重任，开展"三严三实"教育，加强干部队伍建设，可以说正是发展所需、形势所需。"三严三实"既是正心修身的思想守则，更是干事创业的行动准则。

学习践行"三严三实"具有重大意义。一是我们凝神聚力、团结协作，构建和谐校园及和谐系部的基础。我们每一位党员教师如果时刻都严以修身，严以律已，每位党员干部都严以用权，实实在在做人，真真实实做事，真正做到"心中有党，心中有民，心中有责，心中有戒"，就会自觉地守规矩、讲纪律、作表率，就会顾全大局、相互理解、相互尊重，我们的团队才会见贤思齐、和谐奋进。二是加快学院改革发展的重要保障。当前，我院的改革与发展正处在攻坚克难的关键时期，在这样一个关键时期，更加需要每一位党员教师凝聚共识，自觉地按照"三严三实"的要求投入到各项工作中去，以实际行动营造从严从实的氛围，创建风清气正的良好环境，为实现学院发展战略，顺利建成省示范性高校提供坚实保障。三是我们建成示范性高职院，保持做大做强系部的强大动力。如果我们每一位党员教师能谋事都实、做人都实、创业都实，我们这个团队就会爆发出无穷的力量，就会锤炼出一种"不甘落后、只争朝夕、勇于担当、争创一流"的精神，就会主动作为、真抓实干，攻坚克难，精益求精地干好每一件工作，我们的示范性高职院建设和系部的科学发展愿景才会真正实现。

二、准确把握和践行"三严三实"的核心要旨

"三严三实"观点，虽然字不多，但简洁凝练、内涵丰富、指向明确，既继承了我国优秀传统文化，又被赋予了新的时代内涵，既坚持了党的优良传统，又提出了新的更高要求，是对党的建设理论的丰富和发展，体现了新一届中央领导集体从严从实的鲜明执政风格，是党员干部的修身之本、为政之道、成事之要、做人之基。我们一定要深刻领会和准确把握好"三严三实"要求的核心要旨和丰富内涵，要把"三严三实"作为作风建设的一把尺子、立身做人的一面镜子、干事创业的一条准绳，经常用"三严三实"量一量自己、照一照自己，让"三严三实"内化于心、外化于行、固化于制，使"三严三实"成为检验我们正心修身、干事创业的准则。

1. 严以修身是基础

一是要坚定理想信念。理想信念是人的"总开关"，是党员领导干部的立身之本，一个人唯有具备坚定的理想信念、执着的信仰追求，才能持之以恒、坚持不懈地为自己所从事的事业而奋斗，才能无私无悔地为民奋斗。二是要提升道德境界。做官先做人，做人先立德。道德是做人的基本行为准则和规范。"才为德之资，德为才之帅"，党员干部要充分认清立德和做人、德和才的关系，自觉把养德、修德、立德摆在自身建设的重要位置。社会上有一句顺口溜："有德有才是正品，有德无才是次品，无德无才是废品，有才无德是危险品"，我很赞成这个观点，只有贯彻"三严三实"，我们才能成为广大师生认可的正品干部。从严的高要求来看，我们党员干部应做遵守道德的模范，要带头弘扬中华

民族优秀传统美德，要带头践行社会主义核心价值观，要带头恪守社会公德、职业道德、家庭美德和个人品德。三是要追求高尚情操。情操是人类精神生活的重要内容之一，是世界观、人生观、价值观的体现，它对调整人的行为、指导人的行动有着重要的意义。培养高尚情操，要正确对待事业，正确对待利益，正确对待生活，坚持人生梦想，坚守事业追求，倡导健康阳光的生活方式。

2. 严以用权是关键

我们从事教学或学生管理工作，总是会有一定的职权的，权虽然不大，但也要正确对待，不能因权小而乱来。那么如何按党的要求严以用权呢？我认为就是要视权力为服务，坚持用权为民；把权力关进制度的笼子里，坚持依法用权；主动接受群众监督，坚持阳光用权；自觉抵制诱惑，坚决不搞特权。李克强总理在作今年政府工作报告时，讲道："大道至简，有权不可任性。"我认为，用权不"任性"，就是为官用权必须做到公正严明，确保手中的权力不偏离、不变质、不越轨、不出格、不谋私，如果我们用权不严，就可能违规犯错。那我们如何做到严以用权呢？一要心存敬畏，审慎用权；二要出于公心，为民用权；三要恪守政策规矩，依法依制用权。在学院和系部，我们党员干部必须按规则、制度用权，按党纪国法办事，多为师生服务，把用权和负责统一起来，更好地把权力化作搞好系部工作和加快发展的动力。

3. 严以律己是保证

律己就是要管住自己，要真正做到不是一件容易的事：一是要敬畏法律，明白违法就要被惩处；二是要遵守纪律，明白违纪要受处分；三是要时刻自律，明白一不小心就可能跌倒。作为党员干部，必须时刻保持"常若有过、旁若有人"的谨慎态度，时刻保持清醒头脑，时时处处严格要求自己，自我约束、自我监督，切实做到说的做的一个样、白天黑夜一个样、有无监督一个样，做到不仁之事不做、不义之财不取、不正之风不沾、不法之事不干，时刻把党的政策看成是生命线，把国家法律看成是高压线，把组织纪律看成是警戒线，凡事按制度和规定办，不在独处时生出私心杂念，不在党纪国法面前存有丝毫侥幸心理。要做尊法学法、守法用法的模范，切实做到办事依法、遇事找法、解决问题用法、化解矛盾靠法，成为社会主义法治的忠实崇尚者、自觉遵守者和坚定捍卫者。

4. 谋事要实是前提

系部作为学院的教学管理一线，主要任务是执行方针政策和学院决策，但也有很多工作需要我们大家来谋划。不要觉得谋事只是领导的事，其实我们每位党员干部都要谋划如何教好书、育好人，上课要谋划，做育人工作要谋划，干其他工作也要好好谋划。一是谋划工作要坚持实事求是。我们做任何工作，都要把提前谋划放到首位，要深入调研、认真考量、民主决策，做到提前谋划、据实谋划、从细谋划，这样才能确保工作实施过程中目标明确、重点突出、措施具体。二是谋划工作要做到脚踏实地。把握发展的阶段性特征，从当前实际出发想问题、办事情、干工作，脚踏实地，一步一个脚印地抓好落实，决不能脱离实际、超越阶段，盲目冒进。三是谋划工作要体现勇于担当。我们做任何事情都必须要付出艰辛和努力，都必须要有敢于担当的信念和勇气。这一点，在谋划工作之初就要能够鲜明地体现出来。在谋划工作过程中，要结合实际，适当加压，用发展和增长的理念勇挑重担，用敢于担当和突破的理念谋划工作、做好计划或方案。

5. 创业要实是目的

创业要实，就是要发扬崇尚实干的优良传统，踏踏实实地干，努力创造无愧于时代使命，经得起历史检验的工作业绩。为此，要做到以下三点：一要讲认真。毛泽东同志曾说："世界上怕就怕'认真'二字，共产党就最讲认真。"讲认真是我们党的根本态度。干工作就要严谨细致、精心用心、精益求精，这就是"认真"的核心含义，干事认真了，什么事情都能做成、做圆满。二要敢担当。担当，体现着领导干部的胸襟和气魄。有多大担当才能干多大事业。在建设省示范院校进而推进省卓越院校建设的关键时期，更要强调担当，无担当无以攻坚克难，无担当不能开拓进取。因此党员干部要大力弘扬担当精神，敢于直面矛盾问题，勇于承担急难险重任务，同心协力打好学院改革发展攻坚战。三要抓落实。"三分部署，七分落实"，我们干工作、抓发展，一定要以"踏石留印，抓铁有痕"的精神去抓落实。我们学院现在缺的不是目标和思路，最需要的是工作落实和执行力。这些年，学院实现了"几件大事"的目标，取得了好的发展态势，这就是靠全院上下大干、苦干、实干换来的结果。我们总支的全体同志要继续发扬这种大干实干的精神，抓紧、抓实、抓好学院和系部的发展。

6. 做人要实是根本

一段时间以来，社会上有个错误认识，认为老实就是无能、无用，做老实人吃亏。其实不然，我们将眼光放远一点来看：不老实反而才会吃亏。工作生活中，因为隐瞒组织、欺骗朋友、做人不老实而吃亏受罚的例子不胜枚举。党员领导干部要带头弘扬忠诚的老实之气，树立"以老实为荣，以不老实为耻"的正确导向。真正做到：一是要忠诚守一。共产党人的"忠"就是对党忠诚，对人民忠诚。忠诚是百德之首，只有坚守忠诚，才会对他人讲道德，对社会讲责任。不忠诚的人没有根、没有方向、没有归属感。二是要表里如一。对党忠诚、对人民忠诚、对同志坦诚，要做到表里如一、内外一致，要做到台上台下一个样、人前人后一个样，保持共产党员真我本色。一些党员表里不一、口是心非、言行不一、阳奉阴违，不仅是对党和组织不负责，也是对自己不负责。三是要一以贯之。坚定共产党员的信仰，几十年如一日，做到笃实守道、一以贯之、持之以恒。总之，从算历史账、算总账、算大账看，做老实人不吃亏，我们要乐于、敢于做老实人。

三、认真找出"不严不实"问题

党的十八大以来，各级党组织驰而不息地抓作风建设，党风、政风和社会风气明显好转。我系在学院党委、行政的正确领导下，在全体党员老师的共同努力下，教师队伍的整体素质是较好的，系党政领导班子是团结务实的，全体党员老师是爱岗敬业的，作风建设总体是过硬的，各项工作基本上是有成效的，主要表现为：我系的技能抽查和技能比赛每年都取得了较好的成绩，为学院赢得了较高的荣誉；我系的校企合作项目是院内比较突出的，成功为学院引进了几十万的教学设备，为学院的发展做出了较大的贡献；我系的专业建设是卓有成效的，在全省位列前茅；等等。这些成绩的取得，是我们全系党员老师脚踏实地、求真务实拼搏的结果，是值得我们发扬和传承的宝贵精神财富。但严格对照新形势下的新要求，我们还存在不少的差距，因此我们必须清醒地看到，一些党员干部在修身做人、为官用权、干事创业方面仍然不同程度地存在"不严不实"的问题。这里，我结合各方面了解、反映的情况，梳理归纳一些同志在不同方面存在"不严不实"情况的具体表现，希望大家有则改之，无则加勉。

1. 修身不严的问题

主要表现是：有的党员干部理想信念不够坚定、信仰迷茫、精神迷失，上进心不强、得过且过；有的党员政治敏锐性和原则性不强，在重大问题面前不敢亮剑，针对社会上谣传的政治谣言、错误言论，采取明哲保身的态度，听之任之，没有及时批评制止，个别同志甚至信谣传谣；有的党员把利益看得比事业重要，宗旨意识、责任意识和奉献精神淡化，个别同志甚至对个人利益斤斤计较；有的党员放松对主观世界的改造，不注重政治理论学习，没有认真读原著、学原文、悟原理，浅尝辄止，浮于表面，学用结合、学以致用做得很不够，还有个别同志甚至出现了"本领恐慌"，缺乏本专业的新知识和技能，开会研究工作时经常讲"门外"话；等等。针对这些问题，要通过"三严三实"专题教育，促进党员干部严以修身，筑牢理想信念，加强党性修养，做到信仰坚定、思想纯正，永葆共产党人的先进性和纯洁性。

2. 用权不严的问题

主要表现是：有的同志对"权为民所用，利为民所谋"的认识不深，践行不够，不注意把权力关进制度的笼子里，在坚持按规则、按制度行使权力方面不够自觉，在个别问题上存在用权不慎、不当的问题；有的同志贯彻民主集中制和遵守"三重一大"制度的自觉性不强，对系部决策事项深入调研不够；有的同志法制观念淡薄，依法办事、依法办学的能力不强；等等。针对这些问题，要通过"三严三实"专题教育，促进党员干部坚持用权为民、用权为公，自觉严以用权，自觉接受监督，真正做到"权为民所用，利为民所谋"。

3. 律己不严的问题

主要表现是：有的党员大局意识、全局意识不强；有的党员个人利益与集体利益、部门利益与全局利益关系摆得不正，当个人利益与集体利益发生矛盾时，没有维护集体利益，当部门利益与全局利益发生矛盾时，没有维护全局利益；有的党员工作中不注重交心通气，不善于支持补台；有的党员不服从安排，听不进别人的意见和建议，自以为自己什么都对；有的党员对贯彻执行领导干部廉洁从政的有关规定标准不高、要求欠严，对坚持不懈地贯彻中央"八条规定"和反"四风"的信心不够、定力不强；等等。针对这些问题，要通过"三严三实"专题教育，促进党员干部自觉严以律己，强化组织纪律观念，心存敬畏，手握戒尺，不触底线、不碰红线、不越雷池。

4. 谋事不实的问题

主要表现是：有的党员政绩观有偏差，注重形式上的热闹，忽视实质性的内容和成效；有的党员不注重客观实际，不尊重职业教育规律，导致一些工作计划设想脱离现实，只顾眼前，不顾长远，急功近利；有的党员只喜欢做锦上添花的事，不喜欢做雪中送炭的事，热衷于做表面文章，不愿做默默无闻的艰苦过细工作；等等。针对这些问题，要通过"三严三实"教育，促进党员干部自觉做到谋事要实，树立正确的政绩观，坚持实事求是，科学发展，一切从实际出发，使工作决策、方案措施更符合实际，推动学院各项事业又好又快发展。

5. 创业不实的问题

主要表现是：有的党员工作责任感不强，在其位不谋其政，注重"出彩"，不想出力，教学和育人中的难事不敢抓、不敢管，遇到矛盾绕着走，碰到难题能推则推，能拖则拖，工作敷衍应付；有的党员安于现状，不思进取，教学改革创新的锐气不足，力度不够，习惯于按"老常规"办事，只求"过得去"，不求"过得硬"，守摊子，做样子；有的党员忙于具体性事务，没有静下心来想大事、谋大事，对本部门的重大问题研究不够透彻，措施不够得力；有的党员重部署、轻落实，对党委的重大决策和工作部署不抓落实，抓而不实，一些应该解决、能够解决的问题久拖不决，执行力差、工作实效差；有的党员工作效能低，服务意识不强，服务师生的工作不积极、不主动、不自觉、不到位；有的党员调研不深、不细，与师生面对面交流沟通、主动听取意见少；等等。针对这些问题，要通过"三严三实"教育，促进党员干部强化担当，忠诚履职，增强群众观念和实干精神，杜绝形式主义和官僚主义，脚踏实地，扎扎实实地干事创业。

6. 做人不实的问题

主要表现是：有的党员口头上经常讲要对党忠诚，做老实人，但在实际行动中有差距，比如组织观念淡漠，纪律松弛；有的党员不太讲原则，不敢较真碰硬，不敢与歪风邪气作斗争，宁伤原则，怕伤感情，甚至出面说情和袒护违纪违规的人和事；有的党员明哲保身，很圆滑地搞"你好、我好、大家好"；有的党员放松了严格的自我约束，任由玩风滋长；等等。针对这些问题，要通过"三严三实"专题教育，促进党员干部自觉做到做人要实，始终做到对党、对组织、对人民、对同志忠诚老实，做老实人、说老实话、干老实事。

以上查摆列举的问题，虽然是少数同志存在的问题，但若不及时解决好，就会影响到整个党员干部队伍的形象，影响党群干群关系、影响干事创业的精气神。对此，我们要始终保持政治清醒。全系党员干部要自觉对照"三严三实"要求，强化问题导向，严查彻改"不严不实"的问题，用解决问题的成果检验专题教育的成效。

四、真抓实干，确保"三严三实"专题教育取得实效

"三严三实"是新时期加强作风建设的行动指南，抓住了做人从政的根本，切中了干事创业的要害，划定了为官律己的红线，是对各级党员干部行为的新规范。广大党员干部必须牢牢把握"三严三实"要求，拧紧螺丝、上紧发条，保持力度、保持韧劲，使"三严三实"成为自觉遵循的价值追求和行为规范，真正以严和实的过硬作风来树形象、聚民心、促发展，实实在在地抓好"三严三实"专题教育工作。

1. 强化理论武装，狠抓学习教育

开展"三严三实"专题教育，学习教育是根本，重点是要解决思想问题，把思想理论武装放在首位，注重加强理想信念、道德品行和党性党风教育。一要加强理论学习。要认真系统地抓好中国特色社会主义理论体系、《中国共产党章程》、党的十八大以及十八届三中、四中全会精神学习，特别是加强对习近平总书记系列重要讲话精神的学习。要做到真学、真懂、真信、真用，在干中学、学中用，学以致用、用以促学、学用相长。二要加强党性修养。要加强平时的"学习修炼"。干部的党性修养、思想觉悟、道德水平不会随着党龄的积累而自然提高，也不会随着职务的升迁而自然提高，因此需要不断学习、终身学习。要坚持在学习中改造自己，提升思想境界，提高德性修养。要注意平时的"实践修炼"，深入基层、深入实际，砥砺品质、锤炼本领。三要加强教育引导。抓好"三严三实"活动，必须坚持教育为先。我系党组织要利用好这次专题教育活动，充分发挥正反两方面典型的教育和引导作用，使广大党员干部树立正确的世界观、人生观、价值观，不断增强道路自信、理论自信和制度自信，解决好"总开关"这一根本问题，进一步提升党员老师的党性、品格、境界和素质，不断提高谋事创业的水平和教书育人的能力。

2. 强化问题导向，狠抓专项整治

开展专题教育，主要是为了解决系部管理人员和党员老师"不严不实"的问题。因

此，必须把问题意识、问题导向贯穿专题教育的全过程。要针对当前我们当中存在的突出问题，着力开展好专项整治，把发现问题、解决问题作为出发点和落脚点。一是要认真查找问题。找准问题才能对症下药。要对照正反两方面典型，联系个人思想、工作、生活和作风实际，联系个人成长进步经历，联系教育实践活动中个人整改落实情况，往深里找、往细处查，自我剖析要见筋见骨，真正触及灵魂。二是要切实解决问题。解决问题才是硬道理。要通过开展专项整治，盯住"不严不实"的问题和具体表现，落实倒查机制，有什么问题就着力解决什么问题，什么问题突出就重点解决什么问题。要着重解决好阻碍我系发展的突出问题，切实抓好全面深化改革、专业建设、和谐稳定等中心工作和重点任务，推动我系各方面再上一个台阶。

3. 强化领导带头，狠抓以上率下

系党政领导班子要按照中央、省市及学院党组织的要求，全面履行责任，带头开展好专题教育工作，全系党员干部要以身作则，发挥带头作用，层层做出示范。要坚持从我做起，在专题教育中时时处处带好头，带头搞好学习，带头查找问题，带头开展批评与自我批评，带头抓好整改落实，力争学习研讨更深入、党性分析更深刻、整改问题更彻底、执行制度更严格，带动专题教育有力、有效开展。

4. 强化统筹兼顾，狠抓学用结合

开展"三严三实"专题教育，最终落脚点是要促进工作。我们在抓专题教育时，一定要做到"两手抓、两手硬、两促进"，要始终围绕学院的中心、服务发展大局。将"三严三实"专题教育与做好当前改革发展、稳定各项工作结合起来，与完成我系重点工作任务结合起来，切实解决改革发展中"不严不实"的问题，以作风建设的新成效促进我系发展，做到专题教育与日常工作的有机融合、相互促进，两手抓、两不误。当前，我们正处在收官"十二五"、谋划"十三五"的关键时刻，正处在我市高职教育加快、后发赶超的爬坡时期，要通过抓专题教育，促进党员干部提振精气神、锤炼好作风、展现新作为。要把党员干部在专题教育中激发出来的巨大热情和进取精神，转化为推动改革发展稳定的强大动力，以良好的成绩来检验"三严三实"专题教育的成果。

总之，我们开展"三严三实"专题教育意义重大、任务艰巨，是一项系统工程、长期工程，我希望我系党总支及广大党员干部切实把思想和行动统一到专题教育的新要求上

来，努力在思想境界、能力素质、服务成效和团队及个人形象四个方面实现新提升，做到"五个树立"：一要树立学习意识，做修身养性的表率；二要树立服务意识，培育良好的敬业精神；三要树立自律意识，自重自省，拒绝诱惑，时刻保持思想的警惕性，常怀律己之心、常思贪欲之害、常修为政之德，做到慎独、慎为、慎交，自觉抵制外部诱惑；四要树立奉献意识，强化责任意识，立足本职、扎实工作，无私奉献。五要树立争优意识，争创优秀团队，争做一流业绩。清清白白做人、踏踏实实干事，为我系和学院更好更快发展做出更大的贡献。

勤学守正强思想 以身作则做表率

——2016年"两学一做"学习教育安排部署 工作会议上的讲话稿

同志们：

开展"学党章党规、学系列讲话，做合格党员"学习教育，是当前党建工作的首要任务。党中央对这项工作高度重视，作出了全面部署安排。我们要严格按照中央要求和省委的统一部署及学院的安排，扎扎实实地抓好并贯彻落实。下面，我发表几点建议。

一、深刻认识开展"两学一做"学习教育的重大意义

党的十八大以来，以习近平同志为核心的党中央高度重视党的建设，把全面从严治党纳入了"四个全面"战略布局，通过系统有力的举措开创了管党治党的新局面、取得了新成效，得到广大党员和社会各界的一致肯定和赞誉。这次在全体党员中开展"两学一做"学习教育，是党中央为深化党内教育作出的又一重大部署，我们要从政治和全局的高度，深刻认识"两学一做"学习教育的重大意义和现实针对性，切实增强思想自觉和行动自觉。

第一，开展"两学一做"学习教育是贯彻落实全面从严治党要求的重要部署。十八

大以来，党中央围绕全面从严治党作出了一系列重大部署，包括开展党的群众路线教育实践活动和"三严三实"专题教育，制定实施八项规定、完善各方面规章制度，强力肃贪反腐、正风肃纪等，党风政风为之一新，党的凝聚力和战斗力全面增强。同时我们还要清醒地看到，全面从严治党永远在路上，不可能"毕其功于一役"，目前取得的各项成果还是阶段性的，党的建设各方面任务还很重。开展"两学一做"学习教育，就是要持之以恒地把全面从严治党抓下去，把当前的良好态势巩固发展下去，做到真管真严、长管长严。

第二，开展"两学一做"学习教育是持续推进思想政治建设的重要实践。我们党要搞好自身建设，首要任务是加强思想政治建设，关键是教育管理好党员、干部。之前党的群众路线教育实践活动和"三严三实"专题教育，以县处级以上领导干部为主，通过学习、教育和实践，党员干部队伍的思想政治素质有了新的提高，很多突出的问题得到有效解决。但是在少数党员干部中依然存在政治意识淡薄、党的意识和党员意识淡化、理想信念不坚定、妄议中央大政方针等种种问题。这些问题不解决，思想政治建设如果有歇一歇、缓一缓的想法，几年来党的建设的各项成绩就将前功尽弃。开展"两学一做"学习教育，就是要按照思想建党和制度治党相结合的要求，立足于抓常、抓细、抓长，推动党内教育由"关键少数"向广大党员拓展、由集中性教育向经常性教育延伸，以党章党规定标准、立规范，保证全党始终在思想上、政治上、行动上同党中央保持高度一致。

第三，开展"两学一做"学习教育是推动管党治党工作向基层延伸的重要举措。我们党有8700多万党员、430多万个基层党组织，党员队伍和党组织状况如何，直接关系到党的创造力、凝聚力、战斗力，特别是在全面建成小康社会已进入决胜阶段的关键时期，我们必须下大力气抓好党的建设这个基础。开展"两学一做"学习教育，就是要把全面从严治党落实到每个支部、每名党员，让党的每一个组织都坚强起来，每一个细胞都健康起来，切实发挥好每个党员干部的先锋模范作用，发挥好每个基层党组织的战斗堡垒作用，为实现"两个一百年"奋斗目标、实现中华民族伟大复兴的中国梦提供有力支撑。

第四，开展"两学一做"学习教育是推动工作发展的强大动力。开展"两学一做"学习教育，是各个支部和全体党员要高标准做好的重要任务。十八大以来，通过党的群众路线教育实践活动和"三严三实"专题教育，我系党员干部作风上有了很大转变，履职能力

和履职成效有了新的提高。但是，对照中央要求、党章党规和先进典型，我系党员干部还存在不少需要改进和提高的地方，有的党员存在思想掉队，标准降低、要求放松，嘴上为民、工作利己，谨慎有余、担当不足，知错不改、心存侥幸等问题。开展"两学一做"就是要重点解决我系党员干部中存在的一些突出问题，重点解决理想信念动摇、工作不在状态、工作纪律涣散、服务群众意识不强等问题，进一步巩固群众路线教育实践活动和"三严三实"专题教育成果，不断提升我系党组织和党员干部队伍的凝聚力、战斗力，端正党风政风，为推进新形势下教育事业发展筑牢根基。

二、把握重点，确保"两学一做"学习教育取得成效

开展好这次学习教育，要着重把握好以下几点。

第一，要抓好"学"这个基础。这次学习教育的重点内容很明确，就是深入学习党章党规，深入学习习近平总书记系列重要讲话精神。学习党章党规，要深刻理解党的性质、宗旨、指导思想、奋斗目标、组织原则和优良作风，明确党员必须具备的基本条件和应当严守的纪律、规矩，在学习中坚定理想信念，养成纪律自觉，做到对党绝对忠诚，自觉尊崇党章党规、严守党章党规、维护党章党规。学习习近平总书记系列重要讲话精神，要注重掌握贯穿其中的马克思主义立场、观点、方法，领会蕴含的治国理政新理念、新思想、新战略，以"中国梦"教育人、激励人。我在这里提一个硬要求，全体党员干部对规定的学习内容都应做到通读，有些部分要反复学习领会，并做好读书笔记。要重点学深学透总书记有关工作的重要指示，学深学透总书记关于全面建设的重要论述，把学党章党规、学系列讲话精神和学院系部实际情况结合起来。要运用好个人自学、集体学习、研讨交流、党员领导干部讲党课等多种方式，确保学习有收获、有实效。

第二，要抓住"做"这个关键。我们的党员是不是合格、怎样做才算合格？我认为要抓住这样两点：首先，要坚持"四个意识"，即政治意识、大局意识、核心意识、看齐意识；其次，要做到"四讲四有"，即讲政治、有信念，讲规矩、有纪律，讲道德、有品行，讲奉献、有作为。学院党员的"做"，必须按"四讲四有"标准，落实到思想、工作、生活的各个具体环节，不要搞高大上，不要搞假大空。本职工作实现优质高效，教育事业得到创新发展，外在形象得到众人赞誉，我们就是优秀的教育工作者、就是合格的共产党员。

敬教育才

第三，要坚持问题导向。要把问题导向贯穿学习教育全过程，"学"要带着问题学，"做"要针对问题做。首先，要找准问题。要对照党章党规，对照系列讲话精神，在思想上、工作上、生活上查一查，看看是不是自觉向党中央看齐、看看是不是有良好的精神状态和工作状态、是不是严守工作纪律。找问题要通过谈心谈话、征求意见等方式，广泛听取领导、同事和群众的意见，敢于揭短亮丑，把问题找准、找全、找深。其次，要切实解决问题。找到的问题要认真梳理，列好问题清单，深刻剖析产生的原因，分清楚哪些是思想层面，哪些是制度层面，哪些是工作层面，逐一制定可操作、可监督的整改措施，形成详细的整改落实方案，确保学习教育有实效。

三、加强组织领导，保证学习教育深入开展

开展"两学一做"学习教育是当前重大政治任务，我们要严格按照中央和省委、学院的部署，精心组织、周密安排、认真实施，确保学习教育深入推进。

一要加强组织领导。习近平总书记强调，组织开展"两学一做"学习教育，是各级党组织及其负责人的主体责任。党组织负责人要担负起第一责任人职责，对学习方案和学习教育的全过程、各环节，都要认真审定、周密部署，从严从实抓好学习教育。党总支要定期听取各支部学习教育情况汇报，加强工作指导。党总支班子，不仅是学习教育的组织者、推动者、监督者，更是参与者，要当好风向标，做好"领头雁"，以普通党员身份参加所在支部重要活动，无论是"学"还是"做"，都要比普通党员更多、更深、更主动，发挥示范和带头作用。

二要严肃组织纪律。要把组织纪律放在学习教育的首要位置，对全体党员从严要求、从严管理。党总支要严格按照方案扎实开展好学习教育，不能敷衍了事、走过场。每名党员要按照组织要求认真参加学习讨论、组织生活会等，不得无故缺席。要强化督促检查，对违反纪律的情况，要及时纠正、严肃处理。

三要做到"两手抓、两促进"。今年，我系的工作任务也比较重，我们要统筹兼顾，协调安排好学习教育和各项工作，以"两学一做"学习教育促进工作改进和履职能力提高，做到两手抓、两不误、两促进。

同志们，开展"两学一做"学习教育意义重大，让我们紧密团结在以习近平同志为核心的党中央周围，全面贯彻中央和省委以及学院的部署要求，认真抓好学习教育各项工作，以全面从严治党新成效推动我系教育事业实现新发展，为谱写追赶、超越新篇章，作出新的更大的贡献！

共克时艰主动作为 履职尽责率先垂范

——2020年2月，关于加强新型冠状病毒感染的 肺炎疫情防控期间教学和教学管理工作的指导性建议

基本原则和总体要求：站位要高、格局要大、标准要严、措施要实、成效要好。

站位要高：危难时刻显本色，大事难事看担当。做好疫情防控期间的工作，是对我们履职能力和驾驭复杂局面能力的考验，也是对我们思想觉悟、工作作风、领导水平的一次综合检验。我们一定要顾全大局、服从安排，坚守岗位、共克时艰，履职尽责、率先垂范。

格局要大：积极向疫情防控工作一线的医护人员、防控工作者学习，学习他们危急时刻冲锋在前、舍我其谁的忠诚担当精神，学习他们顾全大局、主动作为，人民与国家利益至上的奉献精神，学习他们不知疲倦、轻伤不下火线、忘我战斗的精神，主动作为，无私奉献。

标准要严：深刻领会上级文件精神和通知要求，不踩踏"红线"，不弄虚作假，不敷衍塞责，不作过分要求，严格规范标准，确保标准质量。

措施要实：要因地制宜、统筹兼顾，科学谋划、精准施策，因材施教、循循善诱，根据当地网络情况、服务能力、学生分布等做好分析研判，共享优质资源，优化服务措施，有针对性地搞好教学工作，确保每一个教学班级合理正常开展教学活动，确保教学任务不减、教学质量不降。

成效要好：要真正把学生的生命安全和身心健康放在第一位，践行"珍爱生命、科学防护"的行动理念，履行"教书育人、担当尽责"的使命义务，紧跟学校党委行政深化教学改革的决策和部署，努力提升职业教学能力，不断提高人才培养质量。

严谨规范提质量 奋发有为创特色

——2020年下期教学工作例会，工作部署指导意见

尊敬的各位领导、老师们：

大家好！

在这丹桂飘香的金秋九月，我们新学期的各项工作正在如火如荼地开展，新的学期开启新的征程，新的学年承载新的希望。目前，我们全校上下正以昂扬的斗志、脚踏实地的作风投入到教学等工作中去，各项工作正在顺利有序地推进。

今天我们在这里召开新学期的第一个教学工作例会，就是为了更好地谋划和落实相关工作，使我们本学期及今后的教学及管理工作取得更好的成效。今天的教学工作例会，既是一次沟通动员会，我会把本学期教务处的工作思路向各位作个简要汇报，方便大家明确工作思路，有的放矢地开展教学工作，也是一次落实推进会，教学工作也像我们的日常生活一样，周而复始、有章可循，指示我们在做好常规工作的同时，更好地提高我们的教学质量，创造出我们的特色品牌。我希望通过今天的会议，吹响我们立足岗位、奋发有为的号角。今天，我向大家汇报的主题是"严谨规范提质量，奋发有为创特色"。

一、呈现良好的发展势头，展示蒸蒸日上的局面

今年以来，我校的教学及管理工作在学校领导的高度重视和关心支持下，在全校老

师齐心协力、勤勤恳恳的努力下，呈现出了良好的发展势头，展现出了一种蒸蒸日上的局面，主要表现在以下几个方面。

1. 学校领导高度重视，教学中心地位更加突出

学校领导高瞻远瞩、居安思危，更加明确教学中心地位，在政策上给予倾斜，在配套资金上给予大力支持，在年初的经费预算、教学管理上重点考虑，虽然今年受疫情影响，学校资金缺口很大，但正常的教学资金还是有着充分保障的。同时，学校的覃书记、李校长经常关心和指导教学工作，如学校专业群建设、专业发展规划等；鲁校长亲自指挥、部署、协调、审定相关教学工作，如人才培养方案的编制、教学能力竞赛的推进等。其他学校领导和各部门都大力支持教学工作，学校沐浴在教学改革的春风中。

2. 全校教师爱岗敬业，认真负责的氛围愈发浓厚

全校教师紧跟职教改革的步伐，深刻领悟国家职教改革的精神和要求，认真全面地剖析自身在职业教育方面存在的问题，以"抓铁有痕、踏石留印"的决心和勇气，以实实在在的举措加强"三教"改革。特别是在疫情期间，全校教师服从安排，克服困难，较好地完成了教学工作任务，反响很好。在线教学期间，我校建设在线课程240门，其中投入在线课程教学的课程有235门，学校与校外共建课程31门，全部用于线上教学。线上教学资源总量达到46133个，属于学校原创类的资源数量有3333个，2020年新建资源数量28459个。其中文本类资源数量有10564个，PPT演示文稿数量4987个，图形图像类资源数量10844个，微课类资源数量2672个，音频类资源数量1270个，视频类资源数量11925个，动画类资源数量212个，虚拟仿真类资源数量306个，题库的题量达到60894个。从开学到现在，教学资源的总容量达到1000G以上，其中原创类资源容量达到256G。

另外，每个学期教师的教学任务都很繁重，但整体来看，大多数教师都爱岗敬业，认认真真做好了本职工作，教学成效较好。

3. 全校老师勇于挑战，为校争光的斗志持续高涨

全校大多数教师，特别是中青年教师潜心学习、苦练本领，不断提高自己的教育教学水平，积极参加各种教学能力比赛并组织学生技能竞赛，均取得了较好的成绩。

各院部积极踊跃地申报重点建设项目，如教学团队、教学资源库、在线教学优秀案例等。做好了2020年湖南省职业院校专业教学团队遴选建设工作，以及2020年面向全省职业院校及有关单位征集一批线上教学优秀案例及立项建设一批省级职业教育精品课程项目、专业教学资源库项目和教学改革研究项目的申报准备工作。

特别要强调的是，2021年省技能竞赛的预报名目前已收集汇总，从预报名情况来看，各部门报名积极，老师勇于挑战、为校争光的斗志很高涨，呈现出了良好的氛围。为提高参赛项目的获奖率，确保比赛取得优异成绩，达到"以赛促教，以赛促学"的目的，现就预报名工作提出几点建议：各院系要集中优势兵力、聚焦优势项目，重点突破；不宜"洒胡椒面"，全面铺开，急功近利，对于条件和实力存在一定困难的项目，从现阶段开始，要厉兵秣马、养精蓄锐，达到厚积薄发。连续两年参赛未获奖的赛项，原则上，今年学校不再给予经费支持。赛项涉及的模块内容不在专业人才培养方案的教学目标内，获奖难度大；学校目前如无参赛设备，学生训练难度大；指导老师一人指导两个以上赛项，无法兼顾各赛项的培训指导。请认真斟酌，谨慎报名。

二、存在的问题

1. 严谨治学、规范管理的意识还有待提高

从几个数据来看，本学期还有30个班级存在周教学授课任务安排在20节及以下的情况，这不符合教学规范要求。本人也多次强调要严格按照人才培养方案的要求做好教学安排，要以对学生高度负责的态度谋划教学安排，学生是我们的根基所在、职责所在、希望所在、情怀所在，我们必须严谨治学、依法执教。

本学期，在三年制新生还未开学的情况下，现阶段调整教学计划安排的次数偏多，执行教学规范不到位，虽然存在部门人员变动、实习安排变更、开课信息输入不全等原因，但导致出现问题的主要原因，我认为是有些院系部在教学安排上没有标准意识，缺乏严谨态度，统筹安排随意性大，先交差应付，出现问题了再来匆忙解决，这直接导致了工作量的增加和工作难度的增大，安排不科学、不合理，严重降低了工作效率。

2. 教学管理有待深化，学生质量有待提高

我们从几个数据看问题。

第一个数据，本学年有几十名学生要留级，留级人数较多，同时由于留级导致退学的人数也比较多。虽然主要问题出在学生自身，但从学生及家长反馈的情况来看，我们的教学及管理还存在以下几个方面的问题：一是我们平时对学生的教学引导没有到位，对教学质量的跟进不扎实；二是我们的成绩预警机制没有很好地落实到位，辅导员及院系没有耐心细致地与学生谈话，导致有些学生说自己不知道有多少门功课要补考，这显然对学生没有负责到位。

第二个数据，2020年专升本我校录取人数低于其他学校，有些人戏称我校的很多学生是去陪考的，这说明我校的学生培养质量不高。

3. 认真主动、精益求精的工作作风还不够浓厚

我们从几个案例及相关数据来看问题。

案例一，我们上个学期开展在线教学时，小部分老师对如何加强在线教学督查颇有微词，特别是要上传教学过程组织实施的截图时，个别老师更是怨声连连。我与本地另一所学院的教学领导和老师交流时，他们学校的老师都表示非常理解和支持。

案例二，部分部门审核资料流于形式，例如在教研活动计划制定上出现工管系三个教研室计划完全雷同，两个教学部门的两个教研室计划80%雷同的情况，而我们的院系部审核却都认可通过；再比如，在专业技能竞赛预报名中，部分院系部分赛项报名多组且在前一年并未获奖，这与学校的"紧日子"政策背道而驰，也不符合"择优推荐"的原则。

案例三，部门院系教学相关工作缺乏计划性，经常是下达通知后方才开展工作，因此陷入"等通知——赶材料——匆匆上交"的困境。例如专业技能考核方案是今年6月初布置的，但目前只有3个院系上交了相关资料，从已上交的考核标准看，有些并未按省里的体例框架进行制定。

一个对工作高标准、严要求且员工毫无怨言，并且能快速执行到位的单位，呈现的一定是一个和谐共进、人兴财旺的景象；一个对工作低标准、松要求，并且员工满腹牢

骚、讨价还价的单位，呈现的一定是苦闷低沉、落寞衰败的氛围。高标准、严要求虽然会使我们付出一些心血和辛劳，但也能促使我们心无旁骛、专心致志地去完成工作，并且会感到内心踏实、身心愉悦，富有成就感；低标准、松要求虽会带给我们一时的放松，但一定会滋长我们心存侥幸、埋怨算计、随意应付的心态，随时都可能陷入一种害怕被督查到的紧张情绪，以及万一被督查到如何推脱的算计中，换来的更多是心身疲惫。因此，对待任何事情我们都要清醒地认识到：高标准、严要求更多的是对我们的一种关心、一种保护、一种促进，我们不要抱有过多的怨言。况且对于我们来说，表面上看似已经相当严格的要求，实际上却还比别人更逊一筹。我们平常都知道的谚语："莫道君行早，更有早行人。""莫要自夸事事好，哪知别人处处强。"表达的就是这种情况，因此我希望我们每一个人都要有相应的觉悟。站在管理者的角度提出一些措施要求，再怎么严格都不过分，因为任何人作为管理者都是想把工作做好。而作为执行者，我们首先要在认真执行的基础上，更多地提出一些合理化、科学化的建设性意见，思考如何使得这项工作更容易、更富有成效地完成。只要你提出的建议真正是有建设性的，哪一个管理者不会欣赏和乐于接受呢？以松散的方式去改进松散，换来的最终还是松散；用严格的精神监督严格，带来的一定是更加严格且富有成效的局面。

三、教务处教学及教学管理的工作思路和主要工作安排

（一）严谨治学、规范管理

严谨提质量，规范出效益。严谨治学、规范管理是党和人民对教师提出的业务要求。教师作为人类思想文化的传播者和智力资源的开发者，重要的是要严谨治学，遵循提高业务水平方面的准则，因为这是教师完成教育教学任务、担当教育使命必须具备的条件。严谨治学、规范管理是提高人才培养质量的根本保障，严谨治学、规范管理是衡量教师职业道德水准高低的一个基本尺度。

教师在教育教学过程中，时刻会遇到"教"与"学"的矛盾。在这对矛盾中，教师的"学"是矛盾的主要方面，因为学是为了教，学是教的前提和基础。教师的任务是教书育人，学识和才能是教师从教的必备条件，教师个人必须勤奋学习，做到"术业有专攻"，学在前，教在后。教育理论家夸美纽斯曾指出："不学无术的教师，消极地指导别人的人是没有躯体的人影，是无雨之云、无水之源、无光之灯，因而是空洞无物的。"教师这一

职业决定了教师的一生是不断学习进取的一生，是学而不厌、严谨治学的一生。因为教师要给学生一杯水，自己就得先有一桶水、一缸水，甚至是一条长流常新的大河。教师不仅要具备丰富系统的知识，还要具备会"倒水"（传授知识）的技能和技巧；不仅要向学生传授系统的科学文化知识，还要培养他们的学习态度、学习方法和学习能力；不仅要传递给学生不懈求知、自我更新的科学态度和坚定信念，还要身体力行，最大限度地开发生命潜能，使自己一生处于教不自满、学不厌倦、教学互补、生生不息的动态过程。所以说，能否严谨治学是关系到能否教育好学生，培养好人才的大问题，是衡量教师职业道德水准高低的基本尺度。针对这个问题，我特此提出以下几点建议。

1. 严格执行教学标准，认真规范教学行为

教育教学标准包括专业人才培养方案（专业教学标准）、技能考核标准（含题库）、毕业设计标准、课程标准、顶岗实习标准、实训条件建设标准、学生毕业标准、教师发展标准。教育教学标准是学校人才培养总体设计的具体体现，是学校保证教育教学质量和人才培养规格的纲领性文件，是组织教学过程、安排教学任务、确定教学编制的基本依据，是规范和指导教学行为、实现专业人才培养目标、开展教学实施和评价的重要文件。我们一定要遵循教学规律，尊重教学标准的权威，做到依法执教、依标治学，不能随意更改、调整，针对不严格执行的院系部，教务处将及时向学校通报，同时在学科建设等经费方面不给予支持。

2. 制定完善相关的教学管理制度

教务处将在原本良好的基础上，与时俱进，开拓创新，制定和完善切合学校实际的相关管理制度，如《郴州职业技术学院教育教学标准编制管理办法》《郴州职业技术学院教学竞赛管理与奖励办法》等。以期在今后的教学工作中更加规范严谨，更有生机活力。

3. 强化日常教学督查

强化日常管理，规范教学行为，实现对教学质量的有效控制和保障，是贯彻"质量立校，质量强校"的重要方式和途径。在今后的日常教学中，请各教学部门在认真总结过去教学工作中的经验与存在问题的基础上，积极探索教学督导工作的新思路和新方法，实行多侧面、多环节、多形式的督导，采取切实有效的措施来加强学校教学常规管理，推动良

好教风、学风的建设,促进我校教学质量的全面提高。

(二)全力以赴抓重点,励精图治保质量

湖南的职业教育目前处于全国的前列,主要是在一些衡量教学质量的方面加强了监督检查,高度重视人才培养方案等教学标准的制定、规范评比、专业技能抽查、毕业设计抽查、教学能力比赛、学生技能比赛等。因此,我们学校也必须紧跟省教育厅的工作部署,要不余遗力,精益求精地做好此项工作,教务处将把这些工作作为提高教学质量的重点工作,也作为衡量各院系部教学绩效目标的重要参考指标。希望各院部要报以"不待扬鞭自奋蹄"的态度,要有"躬耕勤作、励精图治"的工作作风,要有"舍我其谁、奋勇争先"的集体荣誉感和使命感,确保我校在这些方面展示郴州职院的风采,提振郴州职院的声誉和形象。

(三)全面深化"三教"改革,力争特色亮点突出

坚持以习近平新时代中国特色社会主义思想为指导,以《国家职业教育改革实施方案》和《湖南省职业教育改革实施方案》为准绳,科学合理地制定好"十四五"期间的教学规划,要以"三教"改革为重点,全面深化我校的职业教育改革,力争使我校在各个方面更上一层台阶,特色亮点更加突出。主要做好以下几个方面的工作。

1. 编制好"十四五"专业建设规划,探索推进卓越高职院校和特色专业群建设

应湖南省职业教育改革实施方案要求,每所高职院校重点建设2~3个专业群。教务处将在今后按照学校的办学思路,一是明确学校的专业群构成及重点建设专业群,二是每个专业明确核心专业和骨干专业,集中有限资源建设好5~7个重点专业或特色专业。在优化专业结构、增强专业结构与产业结构的匹配度、增强学校支撑区域产业发展和转型升级能力、积极参与特色高水平高等职业学校和专业建设计划中进行一些探索。

2. 加强师资队伍建设,打造创新型结构化教学团队

(1)根据李校长在开学大会上的讲话精神,启动"双师型"教师的认定工作,落实"双师型"教师的相关政策。

(2)实施教师职业能力提升工程。切实加强师德师风建设,提升职业院校教师课程

思政能力，培养造就一批"双带头人"和"四有"好教师。落实职业院校专业课教师（含实习指导教师）顶岗实践制度，挂职锻炼时间原则上每5年不得少于6个月，或每2年不得少于2个月；新入职专业教师不具备3年以上企业工作经历的，前3年须赴企业集中实践锻炼半年以上。

（3）9月份正式执行郴州职业技术学院学生专业导师制，开展院级专业带头人的评审认定工作，10月份落实相关配套政策。

（4）加强教师日常行为规范，优化教师教学质量评价考核机制。学校即将出台《师德师风量化考核》办法，教务处希望各院系部要督促和引领教师有高度的思想政治觉悟、有高尚的道德修养、有渊博的学识水平、有高超的教学方法，真正做到"学为人师，行为世范"，自觉承担起传播知识、传播思想、传播真理，塑造灵魂、塑造生命、塑造新人的时代重任。

（5）学校对教师教学质量的考核评价，只限于听评几次课上，还缺乏行之有效的考核评价机制。后期，教务处将会逐步建立一套教师欢喜、领导满意、公平公正的监督考核评价机制。

3. 启动新型校本教材建设，强化学生综合技能培养

一是进一步推进优质教材建设。加强"双一流计划"实施背景下"三教"改革建设，同时为进一步强化职业教育的类型特征，树立以学生为中心的教学理念，落实以实训为导向的教学改革，倡导使用新型活页式、工作手册式教材并配套研发信息化资源，启动新型校本教材建设工作，开展校级优质课程体系建设。具体方案已制定，等修改审定后实行。今年，我校有两本校本教材入选湖南优秀校本教材，希望今后有更多更好的教材入选，通过教材的改革来提升教法的改革。

二是加强课程建设与课堂建设。开展思政课程与课程思政同步抓，开展课程思政研讨与实践；继续开展课程标准建设，推动实现"先有标准，后开课程"。

4. 项目建设不放松，职教成果更突出

我们地方性高校，确实有着先天性的不足，但我们要发扬"苦练本领、敢于亮剑"的

精神，积极参与各种提升职教质量的项目建设，一是确保省级示范性专业群及生产性实习基地两个项目顺利通过验收，二是建设好现有的"1+X"证书培训基地，鼓励具备条件的专业继续申报"1+X"证书培训基地。

在其他方面，支持行业企业依托或联合职业院校，设立产业学院和企业工作室、实验室。鼓励以校企合作等模式，依托行业骨干企业试点建设10个左右的高水平、专业化省级公共实训基地。积极推动"1+X"证书制度试点。借鉴"双元制"等模式，积极推行"现代学徒制"和"企业新型学徒制"，及时将新技术、新工艺、新规范纳入教学标准和教学内容中。建设开放共享的产教融合信息服务平台，鼓励技能大师在职业院校设立"大师工作室"，鼓励院校名师在企业设立"名师工作站"，实施企业访问学者项目。

各位老师，只要我们不忘初心、牢记使命，进一步强化责任意识，增强从事教育事业的使命感和荣誉感，进一步转变教育观念，深化教育教学改革，凝心聚力谋发展，同心齐力提质量，求真务实、真抓实干，我们就一定会在实现"中国梦、职院梦、青春梦"的历史征程中谱写出精彩篇章！

谢谢！

学习心得编

不经一番寒彻骨，怎得梅花扑鼻香。

用实干托起"中国梦、职院梦、青春梦"

——2013年5月15日

一切伟大的成就都是持续奋斗的结果，一切伟大的事业都需要在继往开来中推进。空谈误国、实干兴邦。奋斗是成就事业的基石。我们每个人都必须把自己的前途命运与国家和民族的前途命运紧密相连，用实干精神、奋斗精神投身社会主义建设事业中。同时，我们要树立"学院发展，我的责任"的主人翁使命感、责任感、荣誉感，把学院发展当作自己义不容辞的责任，身先士卒、率先垂范、求真务实、发奋努力，奋力走好新时代的长征路，为夺取新时代中国特色社会主义伟大胜利、实现中华民族伟大复兴的中国梦、实现人民对美好生活的向往继续奋斗！

新思想引领新时代，新使命开启新征程。2012年11月14日，党的十八大胜利闭幕，这是在我国进入全面建成小康社会决定性阶段召开的一次十分重要的大会。新一届中央领导集体，接过了历史的接力棒。在这承前启后的关键时期，习近平总书记带领新当选的中央领导同志们参观《复兴之路》展览时，提出和阐述了中国梦，习近平总书记指出："实现中华民族伟大复兴，就是中华民族近代以来最伟大的梦想。"这个梦想凝聚和寄托了几代中国人的夙愿，体现了中华民族和中国人民的整体利益，是每一个中华儿女的共同期盼。中国梦具有强大的凝聚力和感召力，是当代中国的时代旋律和精神旗帜，有着十分丰富且深刻的思想内涵。

中国梦是强国梦，就是要实现国家富强。只有国家富强，民族振兴才有坚实的基础，人民幸福才有根本的保障。中国梦是复兴梦，就是要实现中华民族的伟大复兴。我们的民族是伟大的民族，只有实现中华民族的伟大复兴，中华民族才能以昂扬的姿态屹立于世界民族之林。中国梦是幸福梦，就是要实现人民幸福。人民群众过上了美好幸福的生活，国家富强才有精神寄托，民族复兴才有根本希望。为了实现中国梦，一代代的中国人，怀揣着梦想，追逐着梦想，挺直了脊梁，憋足了一股劲，胼手胝足，顽强奋斗，走出苦难，走向辉煌。

中国已成为世界第二大经济体，经济实力、综合国力、人民生活水平和国际影响力都已今非昔比，距离民族复兴的目标从来没有像此刻这样接近过。生活在这个时代，是幸运的；为这个梦想奋斗，是光荣的。同时，我们还应清醒地认识到，把中国梦变成现实，还有很长的路需要走，需要付出长期且艰巨的努力。空谈误国，实干兴邦。历史告诉我们，中华民族之所以迎来复兴的曙光，靠的就是一代又一代人的艰辛奋斗和埋头苦干。

经济社会双转型的压力和当前发展所面临的矛盾、问题和挑战，迫切要求我们党承前启后、继往开来，迫切要求党员干部求真务实、艰苦奋斗，迫切要求每一个人在各自的岗位上付出更多的辛劳。中国人的命运掌握在自己手里，中国人的美好生活要靠自己创造，我们每一个中国人使命在肩，责任重大。

人生因梦想而高飞，人性因梦想而伟大。没有梦想的人就像没有方向盘的汽车，每行一步都惊慌失措；有了梦想，就像航船有指南针一样，可以朝着自己人生规划的方向走去。梦想，可以照亮我们人生的道路，可以让我们不断进步、不断努力，可以让我们有目标、有追求。

中国梦既是民族的梦，也是每个中国人的梦、每个青年人的梦。只有把"我的梦"融入中国梦之中，中国梦和"我的梦"才能都实现，这正是习近平总书记讲的"国家好，民族好，大家才会好。"

梦想能否实现，关键是看能否顺应时代发展大势，把个人前途命运与国家民族命运结合起来。每个师生都应把个人梦想融入全面建成小康社会、加快推进社会主义现代化、实现民族复兴的伟大事业中。离开了这个大事业来谈自己的梦想、自己的成才，就失去了最重要的根基。因此，我们必须立足于自身的现实，去选择和确定各自的梦想。

　　我们的现实就是要把我们自己的梦想融入我们的职院梦，我们的职院梦就是要建成湖南省示范性（骨干）高职院，为建设国家级示范性（骨干）高职院打下坚实基础，进而实现学院的"升级梦""崛起梦"。全院师生要志存高远，行在脚下，聚集和释放正能量，朝着自己的"职院梦""青春梦"奋力前行，为圆中国梦而努力。要实现"中国梦、职院梦、青春梦"，学院的每一位教职员工必须做到以下几点。

　　一要提高认识，正确规划职业梦想。广大教职工要充分认识到，个人的梦想与学院的梦想，乃至与中国梦，是统一协调的。个人的梦想实现了，必然能促成学院的梦想，助推中国梦；中国梦、"职院梦"实现了，个人的梦想才能进一步得到升华。因此，在规划职业梦想时，一定要与"职院梦"、中国梦相融合。

　　二要牢记使命，增强使命感。百年大计，教育为本；教育大计，教师为本。作为教师和教育工作者，我们从事的是神圣而崇高的职业，肩负着培养社会主义事业建设者和接班人的时代重任。广大教师要进一步树立责任意识，增强从事教育事业的使命感和荣誉感。发奋努力，不辱使命，不负众望，无愧于人民教师的光荣称号。

　　三要凝心聚力，促成梦想成真。全院教职员工要凝心聚智谋发展，同心齐力建示范，要进一步转变教育观念，加强教育教学改革，不断提高人才培养质量。要坚持以服务为本，始终致力于培养德才兼备的高端技能型人才；要坚定不移地走特色化办学之路，加强特色专业、特色课程建设，推进"四百工程"的实施，不断增强学院在全省乃至全国同类高职院校中的比较优势和核心竞争力，助力"职院梦"的实现。

　　老师们、同学们，站在新的历史起点上，我们每个人都必须把自己的前途命运与国家和民族的前途命运紧密相连，深刻领会空谈误国、实干兴邦，奋斗是成就事业的基石，唯有奋斗才能踏进梦想之门，把实现"中国梦、职院梦、青春梦"的满腔热情转化为刻苦学习、勤奋工作、报效祖国的实际行动，心往一块想、劲往一处使，汇聚起实现中国梦的强大力量。进一步坚定自信、真抓实干，努力为建设强盛中国、文明中国、和谐中国、美丽中国作贡献，在实现"中国梦、职院梦、青春梦"的历史征程中谱写精彩篇章！

践行科学发展观，
开创高校院系党建工作新局面

——2010年3月24日

当前和今后的一段时期里，高校党建工作的首要任务，是认真学习、深入贯彻、全面落实党的十七大精神，坚持以邓小平理论和"三个代表"重要思想为指导，深入贯彻落实科学发展观，以改革创新精神全面推进高校党的建设，为开创高等教育改革发展新局面提供坚强保障。

高校承担着人才培养、知识创新和社会服务的重要任务，做好高校党建工作对于促进高校持续健康发展具有重大而深远的意义。高校院系党组织建设是高等院校工作的基础，是推动高等教育事业发展的强有力措施，具有很强的现实意义。院系党组织一定要践行科学发展观，围绕"巩固和发展党的先进性"这一永恒课题，不断探索院系党的队伍建设、组织建设、作风建设、党内民主建设，努力开创院系党建工作的新局面。

一、以科学发展观的理念谋划院系党建工作，进一步推动院系党建工作又好又快发展

又好又快发展首先是"好"的问题，在发展过程中要更加注重提高新党员质量，注重推动发展与学校、系部实际情况相协调。在"好"中求"快"，意味着党建工作的发展思路将更重视发展质量，也表明我们党在执政治国理念上更加成熟，更加求真务实，更能充分体现共产党的先进性。

在具体工作中，一方面要坚持以人为本。落实科学发展观的核心是坚持以人为本。党的十七大报告强调，要始终把实现好、维护好、发展好最广大人民的根本利益作为党和国家一切工作的出发点和落脚点。做到发展为了人民，发展依靠人民，发展成果由人民共享，使党的全部工作始终符合时代要求和人民的期待。作为高校院系一级基层党组织，其主体是党员，服务对象是群众（教职员工、学生）。这就要求高校院系党的建设必须始终坚持以人为本，必须坚持以教职员工和学生为核心，为教职工创造宽松、和谐的工作和生活环境；注重师生的思想教育，积极为师生创造成长进步的条件，强调院系基层党组织要努力做好服务群众、凝聚人心的工作。要拓宽党员服务群众的渠道，搭建好党员联系和服务群众的平台，构建为民服务的工作体系，使党员真正成为牢记宗旨、心系群众的先进分子。采取各种有效措施调动全校师生员工的工作积极性、主动性、创造性，在党的教育方针的指导下，全面贯彻尊重劳动、尊重知识、尊重人才、尊重创造的方针，紧紧抓住培养、吸引、使用教师的三个环节，积极构建优秀人才脱颖而出、富有生机与活力的用人机制，形成鼓励人才干事业、支持人才干成事业、帮助人才干好事业的良好氛围和环境。服务学生就是要为学生创造良好的学习、生活环境，使学生真正掌握终生学习的方法和服务社会的一技之长，把学院办成人民满意、学生满意、职工满意、社会满意的优秀教育单位，系党组织就是要为实现这一目标发挥好保证监督作用及政治核心作用。

另一方面是要加快改革发展步伐，推动教学管理体制和师生服务机制改革，理顺关系、整合资源，提升管理和服务水平。科学发展观的第一要义是发展，促进发展是院系党组织的重要任务。党的十七大要求在全党开展深入学习实践科学发展观活动，以提高党员干部运用科学理论分析和解决实际问题的能力；强调包括基层党组织领导班子在内的各级领导班子，要建设成为坚定贯彻党的路线方针政策、善于科学发展的队伍。所有党员要成为科学发展观的忠实执行者和社会和谐的促进者。系党组织要充分发挥推动发展的作用，服务群众、凝聚人心、促进和谐。院系党组织要根据学院系部的特点，团结和率领全体党员不仅要钻研专业知识，更要学习政治理论，努力克服少数党员重业务学习、轻政治理论钻研的现象，不断提高党员和教师的政治素质、业务素质。使全体党员的思想自觉地统一到党中央和学院党委的指导思想上来，成为反对消极腐败现象，完成各项工作任务，推动学院发展、校园和谐的催化剂。

二、以科学发展观为动力，着力保持党员的先进性建设

科学发展观是马克思主义中国化的最新成果，是我国经济社会发展的重要指导方针，是发展中国特色社会主义必须坚持的重大战略思想。贯彻落实十七大精神，最重要的就是要认真学习、深刻理解和全面把握科学发展观的科学内涵、精神实质和根本要求，用科学发展观武装头脑、指导实践、推动工作，就是要运用我们党坚持"经常性教育同适当的集中教育相结合"的重要经验，把学习贯彻科学发展观不断引向深入，把先进的思想理论转化为强大的精神动力和物质力量，把科学发展观转化为我们谋划发展的正确思路、促进发展的正确措施、引导发展的实际能力，推动院系工作又好又快发展。要做到又好又快发展，院系党组织必须要以科学发展观作为强大的精神动力，始终着眼于加强党员教育，在保持共产党员先进性、发挥党员的先锋模范作用和党支部的战斗堡垒作用上下功夫，要结合本单位、本部门的工作实际，从长远着想，从大局着手，从"小事"抓起，建立长效机制，狠抓落实。院系党组织的负责同志要善于研究保持党员先进性、纯洁性的规律，加强政治敏锐性，使工作具有预见性和实效性，确保本部门的党员保持高度的政治觉悟和党性原则，真正起到"一个支部，一座堡垒；一名党员，一面旗帜"的作用。

1. 抓党风建设，树党员形象

党风建设是基层党建工作的一项重要内容，院系党组织要把党风建设摆到重要的位置，做好党的作风建设，以良好的党风、政风带动民风，为构建和谐校园创建良好的风气。每一个共产党员都要充分认识到抓好党风建设的重要性，要充分认识到用实际行动去促进良好党风的形成、树立党的形象是全体共产党员的共同责任。院系党组织要真正把党的作风建设落到实处，使每一个党员都成为学习、工作、生活中的一面旗帜，成为群众的学习榜样，并通过榜样的示范作用，带动学院良好的师德、师风、教风、学风的形成，树立起党的良好形象。

2. 抓保先教育，谋长效机制

党的先进性是随着时代的进步和党的事业发展而不断创新和发展的，在不同的历史时期和同一时期的不同阶段，其先进性的体现有不同的侧重点。院系党组织要在长期的保先

活动积累的成功经验的基础上，建立健全本部门保持共产党员先进性的长效机制。要健全党员培养教育网络，紧密结合新形势下党员队伍建设中的新情况、新特点，认真开展调查研究，积极探索党员教育管理的新机制、新方法。要进一步健全领导班子建设工作机制，包括作风建设机制、能力建设机制，努力把系部领导班子建设成为带领本部门师生员工奋力推进学院事业改革发展的带头人。要进一步建立健全系总支、支部和党小组的党组织建设工作机制，合理设置基层党组织，强化系党组织的组织功能，创新系党组织的活动方式和工作方法，努力把系党组织建设成为有创造力、凝聚力、战斗力的政治核心和战斗堡垒。要进一步健全学院党员队伍建设的工作机制，构建多层次、多渠道的学习教育体系，构建全方位、全过程的党员教育和监督体系，构建"党组织服务党员、党员服务群众"的工作体系，努力使教职工党员成为教书育人、管理育人、服务育人的排头兵。

3. 抓党员管理，促队伍建设

系党组织要进一步强化党员管理机制，加强党员教育，充分发挥党内外民主监督作用。党员和党员领导干部要进一步加强党性修养，努力成为"思路活、眼界广、胸襟宽"的"社会主义政治家和教育家"。教师党员要坚定理想信念，忠诚于党的教育事业，树立良好的师德师风，真正做到"学为人师，行为世范"。学生党员要树立共产主义远大理想，坚定报国之志，努力锻炼成才，坚持诚信做人，成为社会主义合格建设者和可靠接班人。系党组织要从学院的长远发展出发，科学制定、认真实施发展党员工作的中长期规划和年度计划，按照"坚持标准、保证质量、改善结构、慎重发展"的方针，及时将符合党员条件的青年教师，尤其是学科带头人和学术骨干及时吸收入党，改善和优化系部党员队伍的结构，形成素质优良、结构合理、规模适度、作用突出的系党员队伍。要扎实做好发展学生入党工作，在保证质量的基础上，加大学生党员发展工作力度。

4. 抓民主管理，强化组织建设

一是要建立和完善高校党委领导下的系部党政分工协作、共同负责制度，按照"集体领导、民主集中、个别酝酿、会议决定"的原则，支持本单位行政负责人在其职责范围内独立负责并开展工作；要进一步规范系务议事制度，完善大问题决策机制，努力做到民主决策、科学决策，切实提高系领导班子的执政能力。二是要坚持和健全民主集中制，大力推进依法治系、依法管理，全面推行系务公开制度，把系党政班子建设成为坚强且团结

的领导集体，并形成战斗堡垒。三是要创新工作方式和活动内容，要使党务工作和行政工作有机地结合在一起，保证监督党和国家的方针、政策及学校各项决定在本单位的贯彻执行。四是要按照有利于加强党对系部的领导、有利于加强党员的教育管理监督、有利于系党组织发挥作用的原则，合理调整、设置系一级党组织，形成健全的党的组织网络。

三、以科学发展观为指导，创新党建工作方法，激发系党的建设活力

改革创新、与时俱进是时代精神的核心内容，也是贯彻落实科学发展观，实现院系基层党的建设可持续发展的必然要求。经济体制深刻变革、社会结构深刻变动、利益格局深刻调整、教育改革不断深化、思想观念深刻变化等都给院系基层党的建设提出了许多新课题。院系基层党组织是高校改革发展的力量源泉，院系基层党建工作是建设和谐校园的重要保证。高校院系基层党组织要发挥"推动发展、服务群众、凝聚人心、促进和谐"的作用，就要适应新形势和高校的特点，要始终符合时代要求和师生员工的共同期待，创新基层党建工作思路，完善工作机制，改进工作方式，形成党员"长期受教育，永葆先进性"的长效机制，为学科发展和人才培养提供有力保证。

1. 要建立健全院系党组织和党员教育培养、管理考察、考核监督的有效机制

"支部建在连队上"，院、系就是高校的基层连队，它们直接与教师和学生接触，最了解教师和学生的心声。因此，要发挥院（系）党组织的政治核心作用、党支部的战斗堡垒作用和党员的先锋模范作用，有效解决党建工作与业务工作"两张皮"的问题，使组织建设与学科建设相互促进、共同发展。在具体工作的部署上，应坚持以教学科研和学风建设为核心，以加强思想政治教育和培养综合素质为两翼，全面提高党支部的战斗力、凝聚力和吸引力。学生党支部（党小组）直接面向广大学生开展工作，对学生的影响力大，凝聚力和吸引力强，支部（党小组）的合理设置，对于组织发展和党员教育都很重要。班级作为高校教学最基本的组织形式，党支部（党小组）建在班上有利于强化大学生党员的组织观念和责任意识，在班级工作和集体活动中发挥先锋模范作用；有利于凝聚全班学生的力量，使学生党支部（党小组）成为班级建设、学风建设和团结进步的核心；有利于学校各项工作的顺利开展，保证上级党委的指示、部署在基层班级的落实。同时要建立健全对高校党员教育培养、管理考察、考核监督的有效机制，作为高校党组织要不断改革和创新院系一级党组织负责人的选拔任用制度，促进优秀党务工作者脱颖而出。系部党组织

也要针对系部党员特点，在系、班级党组织中开展"设岗定责"活动，给党员搭建"有位""有为"的平台，给每位党员同样的上岗履职、平等竞争、实现自我价值的空间和机会，使"千里马"真正有用武之地，实现党员"有岗有位、有位有为"的目标，如推行党员、党支部、党总支工作承诺制度，制定党员学习教育计划，坚持主题突出的党员集中学习制度等，使系党组织成为凝聚党员和联系群众的核心，成为推动发展、促进和谐的重要力量。系党的组织要积极加强党建理论，特别是高校党建理论研究，力争每年出一些有深度、有影响的研究成果，学院每年定期召开党建理论研讨会，按照党的十七大的精神和科学发展观的要求，逐步建立、健全构建党员联系和服务师生群众的工作体系，建立党员党性定期分析制度和落实党建工作责任制度，健全让党员经常受教育，永葆先进性的长效机制。

2. 创新党建工作的模式和机制

高校院系党建工作要适应形势的变化，积极创新工作方法和内容，按照深化内容、简化形式、因地制宜、灵活多样、注重效果的思路开展工作，鼓励支部成员开动脑筋，群策群力，设计开展一系列不同形式的组织生活和党员教育活动，使党建活动的趣味性、生动性、多样性更明显，真正使党建活动成为凝聚、团结、教育、娱乐、考验党员及青年学生的大舞台、好乐园、严阵地。要做好这方面的工作，要做到以下几点。

一是学习方式上要创新。高校、党校和支部在教育的形式上，要改变过去"开会式"念念文件、读读报纸，"一人讲、大家听"的方式，更多地用师生喜闻乐见的形式，如开展征文比赛、交流学习体会、知识竞赛、征集合理化建议、主题演讲、个别谈心等，使党员及青年学生在潜移默化中增强党性意识，提高思想认识，激发创造力，增强使命感和责任感。

二是要与时俱进。充分利用现代化的信息技术提升党建活动的水平，可建立"党建工作"网站，发挥信息网络的技术交互性、及时性、开放性优势，运用互联网来开拓党建工作新阵地，使高校党建工作"进公寓、进社团、进网络"，主动占领网络阵地，拓展党建工作空间，如在互联网上组织党员网络答题、网上讨论；师生通过参加信息网络知识讲座，深入交流，引入网上热点话题讨论；在网上开展党员的批评与自我批评；通过网络投票对党员形象进行评价、评比等。这样有助于他们提高理论水平，增强对非主题意识的免

疫能力，提高党建工作实效性、扩大覆盖面、增强影响力。

三是要开展形式多样的社团活动和主题活动，结合创新思维充分发挥师生在党建工作中的主体作用。当前高校的学生社团在校园文化建设中还没有完全发挥它应有的功能，高校党组织应确立"以人为本"的指导思想，注重学生社团的建设和发展，繁荣社团文化，鼓励学生加入社团，并确保社团发展结构合理，活动丰富多彩。同时要管理好社团，抓好骨干队伍建设，发挥党员社团骨干在党建工作进社团中的核心作用，并利用社团积极拓展党建工作，如在社团内成立党小组组织学习，探索建立党组织互联共建机制，开展党建主题活动，等等。要充分发挥高校图书馆、博物馆、文化广场、宣传栏等文化设施的作用，通过举办文娱演出、红色影片展映、书画比赛、摄影展、演讲、读书活动、学术讲座等，不断丰富党建文化的内涵，增强党建文化的亲和力、渗透力、感染力，使党建之风吹遍校园。

总之，院系党建工作一定要在学院党委的统一领导和指挥下，充分发挥党组织的政治核心、战斗堡垒、监督保证作用和全体党员的先锋模范作用。在全体党员和党务工作者的共同努力下，要实现院系党建工作思路上新的拓展，内容上新的特色，机制上新的突破，方法上新的变革，努力开创院系部党建工作的新局面，为实现学校又好又快发展的目标提供精神动力和组织保障，确保学校各项奋斗目标顺利实现。

敬教育才

学习深入，贵在严以律己
贯彻落实，重在实干担当

——2018年9月26日

习近平新时代中国特色社会主义思想在马克思主义中国化进程中具有里程碑意义。
这一思想洞察时代风云、把握时代大势、引领时代潮流、勇担时代使命，闪耀着新时代的
思想光芒，实现了真理性与实践性、继承性与创新性、民族性与世界性的有机统一，是对
马克思列宁主义、毛泽东思想、邓小平理论、"三个代表"重要思想、科学发展观的继承
和发展，是马克思主义中国化的最新成果，是党和人民实践经验和集体智慧的结晶，是中
国特色社会主义理论体系的重要组成部分，是全党全国人民为实现中华民族伟大复兴而奋
斗的政治宣言和行动纲领，是全面从严治党和强党兴党的根本保证，是我们确保红色江山
永不变色的重要法宝，是全国人民开创新时代、迈向新未来的行动指南。思想指引行动，
方向决定成功，因此，我们必须用习近平新时代中国特色社会主义思想武装全党，凝聚人
心、形成合力，从根本上确保全党在思想上、政治上、行动上的高度一致，这对于在新的
历史起点上进行伟大斗争、建设伟大工程、推进伟大事业、实现伟大梦想，具有重大现实
意义及深远历史意义。

近期党中央号召全国上下精心组织、扎实推进，迅速兴起学习宣传贯彻习近平新时代
中国特色社会主义思想的热潮，推动习近平新时代中国特色社会主义思想"天天见""天

天新""天天深"，这是非常必要和及时的，就是要全国上下真正做到把习近平新时代中国特色社会主义思想学深悟透、融会贯通，做到在铸魂看齐上求深入、在担当作为上求深入、在提升本领上求深入、在作风优良上求深入，使之真正成为每一个人永不枯竭的力量源泉、恪尽职守的行动准则。如何真正推动习近平新时代中国特色社会主义思想"天天见""天天新""天天深"呢？关键是"贵在严以律己，重在实干担当"。

对于每个人来说，严以律己是立身之本、为政之基，更是进取之源。严以律己，这是一个人能不断进取的先决条件，更是每一位共产党人搞好工作的现实要求。做到了严以律己，才会有"忠诚之心"。只有忠诚，才能满腔热情，为国为民；只有忠诚，才会努力思考，开拓创新；只有忠诚，才能爱岗敬业，尽职尽责；只有忠诚，才会无私无畏，公平公正。做到了严以律己，才会有"刚正之脊"，把"刚正"作为修身立命之本，定会以心正服人，办事不离"章"、行为不越"轨"，才会坚持原则，敢于碰硬，不徇私情，执法公正。做到了严以律己，才会有"抓铁之手"，在平时的工作中定会锻造履职尽责的过硬本领，凭自己的实力、技艺、智慧、毅力去拼搏，才能发现问题，提出建议，督促整改，规范行为，处理各种问题才会冷静，做到有谋、能谋、敢谋。做到了严以律己，才会有"踏石之脚"，才会履职尽责，有所作为，脚踏实地，扎扎实实做好本职工作。做到了严以律己，才会有"金刚之身"，才会牢记"为人民服务"的宗旨，真心诚意地为人民谋利益，才会做到不法之事不干、不义之财不取、不正之风不染，始终守住纯洁的精神家园。

总之，做到了严以律己，才会坚守政治信仰，做共产主义远大理想和中国特色社会主义共同理想的坚定信仰者和忠实践行者。我们一定要全面加强自我理想信念教育，强化学习，全面提升自身境界，不断加深对习近平新时代中国特色社会主义思想、共产主义理想信念、从严治党要求等的理解和把握，一定要与党中央同向同行、同步同调、同频共振、同声相应，做到以学促新、以悟促新、以用促新，推动习近平新时代中国特色社会主义思想在心灵深处"天天见""天天新""天天深"。

理论是实践的先导，思想是行动的指南。我们学习理论的目的是更好地指导我们的工作实践，理论只有与实践相结合，思想才会展现出力量，焕发出光彩。我们只有把习近平新时代中国特色社会主义思想运用到我们的工作实践中去，才能领会其思想理论的博大精深，才能真正理解其真谛，掌握其精髓。贯彻落实好习近平新时代中国特色社会主义思想，重要的是在学习深入的同时更好地在工作实践中实干担当，这样我们才会有强烈的政治责任感，才会不忘初心，继续前进，永远保持建党时中国共产党人的奋斗精神，永远保持对人民的赤子之心。只有实干担当，我们才会激发出更强烈的历史使命感，我们才会勇做走在时代前列的奋进者、开拓者、奉献者，同人民一道拼搏、同祖国一道前进，服务人民、报效祖国，为实现"两个一百年"奋斗目标、实现中华民族伟大复兴的"中国梦"书写无愧于时代的精彩人生；只有实干担当，我们才会带着责任、带着思想、带着方法、带着感情去工作，探索破解难题走向成功的路径和思维方法，才会言必行，行必果，才会实事求是、与时俱进，借势而上，不断追求新目标、新高度、新梦想！

历史航程驶入新时点，复兴伟业书写新篇章；新思想引领新时代，新使命开启新征程。习近平新时代中国特色社会主义思想为我们描绘了宏伟蓝图，吹响了夺取新时代中国特色社会主义伟大胜利的前进号角。站在新的历史起点上，我们每个人都必须把深入学习习近平新时代中国特色社会主义思想当成自己坚定的理想信念，提高服务本领的头等大事。推动习近平新时代中国特色社会主义思想"天天见""天天新""天天深"，要真正做到"内化于心，外化于行"，要做到"心中有阳光、脚下有力量，心往一块想、劲往一处使"，汇聚起实现中国梦的强大力量。同时要把自己的前途命运与国家和民族的前途命运紧密相连，以国家富强、民族复兴、人民幸福为己任，坚定理想信念，胸怀报国之志，艰苦奋斗、务实进取，把实现"中国梦、幸福梦"的满腔热情转化为刻苦学习、勤奋工作、报效祖国的实际行动。要勇于创新，敢于创业，乐于进取，善于建功，让青春年华在为国家、为人民的奉献中焕发出绚丽光彩，创造出无愧于时代的人生。要树立正确的进步观、成长观、政绩观，甘于吃苦、不避难事，勇于担当、真抓实干，用智慧和汗水做好推动改革发展稳定的事、惠民生暖民心的事、打基础利长远的事，努力为建设强盛中国、文明中国、和谐中国、美丽中国作贡献，在实现"中国梦、幸福梦"的历史征程中谱写出精彩篇章！

心系群众当楷模 立足基层做好事

——2014年，关于搞好群众路线，做好基层思想政治工作的心得体会

人民群众是我们党存在和发展的基础，是中华民族伟大复兴的重要力量和智慧源泉，深入开展党的群众路线教育实践活动、做好基层思想政治工作，是巩固党的执政地位，保持党的纯洁性，完成党的执政使命，确保党和国家长治久安这一战略高度的重要举措。"千条江河归大海，件件工作在基层""基础不牢，地动山摇"，基层群众的思想政治工作是整个思想政治工作的基础和重点，能否加强基层群众思想政治工作，关系到能不能掌握思想政治工作的主动权，关系到党的执政地位及社会主义事业的兴衰。搞好群众路线就得深入基层，和群众在一起，关心群众的冷暖，解决群众的困难，真心实意地为群众谋利益，创造出无愧于时代、无愧于人民，群众看在眼里、记在心上的业绩，以此来赢得群众的信任和支持。如何加强基层群众的思想政治工作，培养和造就有文化、有知识、懂科技、懂法律、爱岗敬业、奋发图强的新型群众？我们一定要在以下几个方面下功夫，才能在工作中体现时代性、把握规律性、富于创造性，为加快基层和社会发展提供精神动力、思想保证和舆论支持。

一、在创新工作模式上下功夫，搭建一个群众能"有位、有为"的出彩平台

习近平总书记提出，要让全体中国人民"共同享有人生出彩的机会，共同享有梦想成真的机会，共同享有同祖国和时代一起成长与进步的机会"。每个国家和民族都有着自己的发展目标和愿景，每个人也都会有自己的理想与梦想。在我们的现实生活中，每一个人其实都有一个积极进取的心境，都有一个想被组织和别人认可的心愿，都想有大有作为的出彩机会，关键是如何充分调动和发挥他们的聪明才智，怎样给他们提供一个实现自身价值的有效平台。作为基层的思想政治工作者，特别是领导干部，一定要在本单位建立一种"有位有为、有为有位"的竞争机制，要在创新工作模式上下功夫，搭建一个让每个人都有出彩机会的平台，给每位党员和群众带去同样的上岗履职、平等竞争、实现自我价值的空间和机会，并建立一套科学合理、公平公正的教育培养、推优考核的发展竞争机制，以"有为"作依据、以"作为"当准绳，使"千里马"真正有"用武之地"，实现党员和群众"有岗有位、有位有为"的目标，这样大家才会潜心自己的事业，才会尽心地干好本职工作，我们的思想政治教育工作才会为实现"中国梦"提供强有力的保障。

二、在营造风清气正的工作作风上下功夫，提升领导率先垂范的感召力

思想政治工作是说服人、带动人的工作，不但要靠真理的力量，更要靠人格的力量，"榜样的力量是无穷的"，"说一千、道一万，不如实际做一遍"。要使思想政治工作的对象心服口服、真心认可，并志同道合地与我们一道积极进取，思想政治工作者必须拥有一定的人格魅力和示范效应。基层领导干部是思想政治工作的组织者、领导者，同样也是执行者，由于其地位特殊，势必责任重、作用大，我们对思想政治工作的认识、态度都对群众有很大的影响，在很大程度上直接关系着思想政治工作的开展是否成功有效。因此，加强和改进新形势下的思想政治工作，必须抓好基层领导干部的表率和带动作用，必须建立起一支以身作则、真抓实干、廉洁勤政、乐于奉献的队伍。作为基层组织领导，要在工作中做到率先垂范，不喊空口号、不唱高调，要求职工群众做到的，自己要首先做到：带头树立正确的世界观、人生观、价值观，成为职工群众思想道德上的榜样；带头爱岗敬业、奋发进取，成为创先争优的楷模；带头遵守各项规章制度，处处为人师表，成为职工群众人格上的偶像。在对待职工群众切身利益问题上，要心系群众、情系下属，事事想职工群众之所想，急职工群众之所急，在职工群众中展示最佳的领导才能和魅力，展示优秀

的品质。只有这样，思想政治工作才具有强烈的说服力和感召力，才能达到事半功倍的效果，我们的事业才会愈发蒸蒸日上。

三、在优化高效务实的管理体制机制上下功夫，提升全员和谐奋进的凝聚力和集体荣誉感

团结和带领广大群众共同进步，蕴含了丰富的、大量的思想政治工作内容，需要从各方面来强化提升，而影响思想政治工作最直接、最常规的手段就是管理的机制体制。因此，要做好思想政治工作，就必须从强化管理入手，把思想政治工作与管理融为一个有机整体。

首先，要实施科学、民主、规范、公正化的管理，树立先进的管理理念，借鉴先进的管理模式，建立起"职责明确、高效务实、公正合理、监管到位"的管理体系，形成积极进取、奋发有为的工作局面，使管理与做好思想政治工作成为一个有机整体，管理中处处渗透着思想政治工作，思想政治工作时时蕴含着严格的管理，使我们的管理体制机制成为团结和凝聚人心的法宝。

其次，要规范管理，建立科学合理、严格高效的规章制度。要理顺内外部、上下级等各种关系，要以制度管人、以情暖人，确保基层干部群众有一个良好的生活和工作环境，为开展好思想工作奠定坚实的工作基础。

再次，要树立服务观念，围绕管理扎实认真、耐心细致地做好思想政治工作。要在严格规范的管理机制下，做好干部群众的服务工作，寓服务于管理中，给他们创设一个良好的工作生活环境，要理顺情绪，化解矛盾、统一思想、凝聚人心，要把科学规范的管理同思想政治工作有机结合，要把思想政治工作与服务工作结合起来，使服务工作成为思想政治工作中的重要方式，显示出思想政治工作强大的生命力和战斗力。

最后，要在管理中增强活力、增强思想政治工作的有效性。坚持贴近实际、贴近生活、贴近群众是增强思想政治工作针对性、实效性、吸引力和感染力的有效途径，做好思想政治工作，既要严格管理，又要提高管理的活力，要尽可能开展健康向上的集体活动，丰富干部群众的文化生活、陶冶干部群众的情操，培养集体荣誉感，树立良好的风尚。

四、在掌控热点难点问题上下功夫，加强对群众的宣传沟通

良好的工作氛围能给人们带来健康向上的精神力量，启发人们开动脑筋，培养积极思维，进而激发出奋发向上的斗志。随着改革开放的深入推进，社会生活逐渐多元化，势必会造成人们思想认识、思维方式、价值观念的多样化，基层思想政治工作必须针对这些新的情况和问题，特别是要在基层干部关心的热点、难点问题上，加强对群众的宣传沟通，使他们弄清真相、明辨是非，从而得到他们的理解和支持，营造一个"团结、高效、务实、创新、风正、气顺"的工作氛围。例如，提拔、任用、评价干部，一定要建立起一个公平竞争的用人机制，要坚持公道正派、任人唯贤、德才兼备的原则，把好入口关，坚持用好的作风选人，选作风好的人。对那些溜须拍马、政绩平平，特别是不廉洁、靠拉关系、跑官买官的干部坚持一个不用，保证被提拔重用的干部工作实绩突出、群众公认，做到只要提拔一个就是一面旗帜、重用一个就是思想工作上的一本"活教材"。在事关集体和群众利益上，要公正、公平、公开，不能有私心，不能搞小动作，真心实意维护群众的利益。只有这样才能在干部职工中树立威信，得到群众的理解和支持，才能在困难面前和大是大非面前处于不败之地，把政治思想工作真正落到实处；只有这样大家才会同舟共济，心往一处想、劲往一处使，齐心协力为本单位和社会作出自己的贡献。

五、在落实为群众排忧解难及实际问题上下功夫，增强基层组织的亲和力和影响力

多年来的实践告诉我们：为基层排忧解难，为干部群众办实事、办好事是最直接、最生动、最有说服力的思想政治工作。加强和改进思想政治工作，要十分注意把解决思想问题同解决实际问题结合起来，把为干部职工办实事作为思想政治工作的重要内容。

作为基层思想政治工作者，特别是领导干部，要做好这方面的工作，首先是要有感情。对员工怀有深厚的感情，是关心员工疾苦、为员工办实事、办好事的基础，要把自己摆在和干部群众平等的位置，自觉地、真心实意地与群众建立感情，和群众友好相处。其次要知实情。了解群众的实际困难、掌握群众的思想困惑是做好思想政治工作，为群众办实事、办好事的前提。思想政治工作者要深入到群众中去，多听、多看、多谈心、多思考，时时做有心者、处处做热心人，只有这样，思想政治工作才能及时做、才会有针对性地做。最后，要送真情。一次行动比一千个承诺更暖人心，要尽心尽力的帮他们解难事、

排忧愁，及时地把集体的温暖和关怀送到干部群众的心坎上，尽可能地为他们解决实际困难。只有这样，思想政治工作才能深入人心，可亲可信。

　　总之，基层思想政治工作是一个单位和谐发展的有力思想保证和强大精神动力，只要我们坚持解放思想、实事求是，立足实践，贴近实际、贴近生活、贴近干部群众，树立新思维、新理念，克服形式主义、教条主义、经验主义，努力做到思想政治工作科学化、经常化、艺术化、现代化，身先士卒、率先垂范、求真务实、和谐奋进、以理服人、以情感人，增强思想政治工作的针对性和实效性，就一定能够凝聚人心，形成合力，推进单位持续、健康、稳定发展，创造出辉煌的工作业绩，为实现"中国梦"与"个人梦"作出更大的贡献。

——2015年6月17日

在五个方面争做"严以律己"的表率

——2015年6月17日

根据学院开展的"三严三实"专题教育部署要求，我近期认真研读了《习近平谈治国理政》第一卷、《习近平关于党风廉政建设和反腐败斗争论述摘编》等，感觉思想得到了升华，心灵受到了洗礼，对"三严三实"专题教育有了更加准确的把握和更加深刻的领悟。今天在这里作为代表发言，我感到非常荣幸。下面，结合近期的学习教育，就"严以律己"谈谈自己的认识和体会，不当之处，请同志们批评指正。

"三严三实"中，"三严"是内在要求，讲的是主观世界的改造，修身是根本，用权是核心，律己是关键，可以说，"三严"标清了党员干部修身进德的操守规范和努力方向。对于广大领导干部而言，严以律己是立身之本，更是为政之基。习近平总书记在叙述"三严三实"理论时强调，严以律己，就是要心存敬畏、手握戒尺，慎独慎微、勤于自省，遵守党纪国法，做到为政清廉。

严以律己，是对古今修己正身之道的凝练和提升，具有很强的现实意义。当前，广大领导干部面临的考验和诱惑十分复杂，能常怀律己之心，是其永葆政治本色的内在保障。加强修养，严以律己，是每一位共产党人搞好工作的现实要求。如何做好严以律己，个人认为要在以下五个方面争当表率。

一、在遵纪守法上做严以律己的表率

严以律己就是要严守国家法律、党的政治纪律和政治规矩，自觉做政治上的"明白人"。人不以规矩则废，党不以规矩则乱，法律面前人人平等，法治之下没有特殊公民。作为党的干部，纪律和法规就是我们的阵地，坚守党和国家的纪律和法规就是我们的根本职责。党纪国法是刚性约束，是从严管党、依规治党的重要依据，是党员干部安身立命之本，是检验党员干部党性的重要标准。党员干部要时刻保持清醒的政治头脑，严格自觉地遵守好党纪国法。一要敬畏法律，要在法律面前始终保持一种战战兢兢、如履薄冰的心态，进一步提高遵纪守法的自觉性，自觉把个人行为、行政行为等严格约束在法律框架内，按程序办事、按规定办事、按制度办事。二要忠于法律，对法律不仅要发自内心的信任、信服、信仰和敬畏，而且要用实际行动践行，做到不徇私情、不畏权势、不枉不纵。三要捍卫法律，要有一种浩然之气、正义之气，在自己遵守法律的同时，还要敢于和善于同一切违法乱纪行为作斗争，用自己的实际行动维护党纪国法的权威和尊严。广大共产党员、领导干部要带头遵纪守法，彻底摒弃人治思想和长官意识，决不以言代法、以权压法，切实做到办事依法、遇事找法、解决问题用法、化解矛盾靠法，做社会主义法治的忠实崇尚者、自觉遵守者和坚定捍卫者。

二、在公正廉洁上做严以律己的表率

"欲明人者先自明，欲正人者先正己。"严以律己，就是要心存敬畏、手握戒尺，慎独慎微、勤于自省，遵守党纪国法，做到为政清廉。习近平总书记曾提醒手中掌握着权力的县委书记："各种诱惑、算计都冲着你来，各种讨好、捧杀都对着你去，往往会成为'围猎'的对象"。这对于党员干部而言，可谓是一针见血。党员干部在从政生涯中面临着林林总总的诱惑，"贪如火，不遏则燎原；欲如水，不遏则滔天。"那些滑入歧途的党员干部，无一例外地将严以律己当成了耳边风，放松自我要求，放纵个人欲望。因此，党员干部更应把严以律己作为工作和生活中拒腐防变的"防火墙"和"拦河坝"，把权力关进笼子，切实消除权力寻租、腐化变质的"空间"与"土壤"，时刻保持清醒的头脑，真正守得住清贫，耐得住寂寞，不在糖衣炮弹面前吃败仗。

在从严治党的新常态下，党员干部无论在工作中，还是在生活上，都要在清正廉洁上带好头，"清则心境高雅，清则正气充盈，清则百毒不侵，清则万众归心"。一定要珍惜自己的岗位，时刻紧绷廉洁自律这根弦，常修为政之德、常思贪欲之害、常怀律己之心，算一算腐败的政治账、经济账、名誉账、亲情账和自由账，明白什么是得不偿失，不要发生一些不该发生的问题，老老实实做人，干干净净做事，真正以上率下、做好榜样。

三、在作风建设上做严以律己的表率

党的作风体现着党的宗旨，关乎党的形象，关乎人心向背，关乎事业成败。习近平总书记在十八届中纪委二次全会上曾说："工作作风上的问题绝对不是小事，如果不坚决纠正不良风气，任其发展下去，就会像一座无形的墙把我们党和人民群众隔开，我们党就会失去根基、失去血脉、失去力量。"我们一些党员干部，严重违反党纪国法的现象没有，但作风上仍存在较多问题，具体表现在以下几个方面。

一是在思想作风方面：有的理想信念动摇，价值观念畸变，事业不成怨条件，工作不利怨环境，关系不顺怨领导；有的思想意识差，不想事、不干事，却多事生非，不琢磨事，光琢磨人；有的事业心不强，精神不振，饱食终日，无所用心，在其位不谋其政；等等。

二是在工作作风方面：有的懒散浮躁，不干实事，不深入基层，不深入群众，抓工作浮光掠影，作风不踏实，办事效率低，更有甚者，吃空饷、谋私业；有的上下班迟到、早退；有的逃避责任，不担当，推卸矛盾，办事不讲原则等。

三是在生活作风方面：有的贪图享乐，热衷于吃、喝、玩、乐，图舒适、讲面子。

这些现象并不是我们每个同志身上都存在，但在极少数人身上反映得还是较为突出的。这不是小事，而是大事，是原则性的问题。有些问题影响极大，危害性强，损害了群众利益，影响了党和政府的形象。

作为党员干部，一定要深刻认识到作风建设的重要意义，要像焦裕禄同志那样始终用"心里装着全体人民，唯独没有他自己"的高尚品格和行为，模范实践党的根本宗旨，时刻把群众的冷暖挂在心上，把群众诉求作为第一信号，把群众愿望作为第一呼声，把群众利益作为第一考量，把群众满意作为第一标准，把群众要求作为第一考虑，把群众期待作为第一关切，从群众最需要、反映最迫切、问题最突出的问题入手，诚心诚意办实事、尽

心竭力解难事、坚持不懈做好事，不断缩小与群众间的距离，真正让群众高兴起来、满意起来；要坚定信念、作风顽强，大力发扬"老黄牛""钉钉子""啃骨头"精神，以更加高度的政治责任感、更加良好的精神状态和扎实的工作作风、更加创新有为的举措、更加卓有成效的工作来贯彻党的十八大精神，为推动经济社会科学发展，实现学院全面提升的宏伟目标而努力奋斗。心怀群众观、焕发精气神，实现崛起梦！

四、在求真务实方面做严以律己的表率

邓小平同志曾说："世界上的事情都是干出来的，不干，半点马克思主义都没有。"邓小平同志是一位"求实、务实、踏实的实干家"。为官不为平生耻，时代要发展，社会要进步，是要靠实实在在的工作干出来的，这就要求每一个党员干部用良好的工作实效去做贡献，要发扬崇尚实干的优良传统，踏踏实实地干，努力创造无愧于时代使命、经得起历史检验的工作业绩。

五、在敢于担当方面做严以律己的表率

敢于担当，体现着领导干部的胸襟和气魄。有多大担当才能干多大事业。在建设省示范院校进而推进省卓越院校建设的关键时期，我们更要强调担当，无担当无以攻坚克难，无担当不能开拓进取。现在有一种普遍的思想，即认为制度规矩比过去更多更严了，干部不好当，只要不出事，宁可不做事。借口"为官不易"而"为官不为"，这就是不敢担当的突出表现。因此领导干部们要大力弘扬担当精神，敢于直面矛盾和问题，勇于承担急难险重任务，同心协力打好学院改革发展攻坚战。

同志们，严以律己是一种品质，严以律己是一种境界，严以律己是一种要求。严则正气充盈，严则内力倍增。全院党员干部务必充分认识严以律己的重大深远意义，切实增强思想自觉、行动自觉，扎扎实实把"三严三实"专题教育组织好、开展好，真正做到在遵纪守法上、在清正廉洁上、在作风建设上、在求真务实上、在敢于担当上做严以律己的表率，在全院上下把严以律己的意识、规矩、风气树立起来，凝聚起强大的正能量，为加快推进学院改革发展做出新的更大贡献！

扎实学习，补足精神之钙
务实进取，熔铸信念之魂

——2016年9月21日"两学一做"第一专题心得体会

　　"两学一做"是指"学党章党规、学系列讲话，做合格党员"学习教育，这是继党的群众路线教育实践活动、"三严三实"专题教育之后，深化党内教育的又一次重要实践，也是推动党内教育从关键少数向全体党员拓展、从集中性教育向经常性教育延伸的重要举措，是加强党的思想政治建设的重要部署，能使全党同志牢记并恪守全心全意为人民服务的根本宗旨，以优良作风把人民群众紧紧凝聚在一起。

一、"两学一做"一定要内化于心，要深刻领会"两学一做"的重要性和必要性

　　人无学，则不明理；人有知学，则有力矣。学习党章党规的目的是唤醒迷途党员的党性，激活其入党初心。在和平发展的年代里，在改革开放的大潮中，有的党员能够在经济建设中独当一面，成为经济建设的红旗手、干事创业的排头兵、勤劳致富的领头羊，却经受不住糖衣炮弹的诱惑，看见别人吃香喝辣嘴馋了，看见别人富丽堂皇眼花了，于是在觥筹交错中、在金光灿烂中迷失了自己，甚至忘记了自己的党员身份，官商勾结、权钱交易、徇私舞弊，甚至贪赃枉法。学习党章党规就是要唤醒他们的党性，忆起"拥护党的纲

领，遵守党的章程，履行党员义务，执行党的决定，严守党的纪律，保守党的秘密，对党忠诚，积极工作，为共产主义奋斗终身"等入党誓词，让党员们热血沸腾。

学习系列讲话，是迷途党员的指南针，为迷途的党员指引了回家的路。目前中国经济正处于重大转型期，处在爬坡过坎的换挡期，重新学习党的群众路线教育实践活动、"三严三实""四个全面"等一系列讲话，才能坚定中国特色社会主义道路自信、理论自信、制度自信；才能为这些迷失了方向的党员拨开思想雾霾，找到回家的路。

开展"两学一做"学习教育，就是引导党员干部学党章、读原著、学原文、悟原理，"正本清源、固本培元"，坚定"三个自信"，补足精神之钙，加强信仰之修，熔铸信念之魂，培养造就一支具有铁一般信仰、铁一般信念、铁一般纪律、铁一般担当的党员干部队伍。要在组织广大党员学深悟透的基础上，通过各种形式引导广大党员将所学所思自觉应用到工作生活上，应用到严格要求自身上；引导广大党员切实增强看齐意识，学会站在党和国家的大局角度上思考问题、看问题，自觉在思想上、行动上同党中央保持高度一致；引导广大党员切实增强责任意识；引导他们充分认识到共产党员的内涵和实质，让对党忠诚、服从组织、遵守纪律、践行宗旨真正成为广大党员的内心信念并"内化于心、外化于行"，把理想信念时时处处体现为行动的力量，切实做到爱党、信党、护党、跟党走。

二、"两学一做"一定要重在于行，以严明的纪律和实实在在的成绩要求自己，争做合格党员

"两学一做"，基础在学，关键在做。这次学习教育的着眼点和落脚点，就是要引导广大党员做合格的共产党员。通过学习教育，让广大党员进一步增强政治意识、大局意识、核心意识、看齐意识，坚定理想信念、保持对党忠诚、树立清风正气、勇于担当作为，在任何岗位、任何地方、任何时候、任何情况下，都牢记党员身份，发挥先锋模范作用，做讲政治、有信念，讲规矩、有纪律，讲道德、有品行，讲奉献、有作为的合格党员。具体来说，就是要在以下几个方面做好。

一是要有"四个意识"。作为新时期的一名党员干部，要牢固树立政治意识、大局意识、核心意识、看齐意识，始终在思想上、政治上、行动上同以习近平同志为核心的党

中央保持高度一致。树立政治意识，就是要坚持坚定正确的政治方向，始终保持对马克思主义的信仰、对中国特色社会主义和共产主义的信念、对党和人民的绝对忠诚，始终保持党性坚强、党纪严明，做政治上的明白人。树立大局意识，就是要认识大局、把握大局、服从大局，自觉站在党和国家的大局角度上想问题、看问题，坚决贯彻落实党中央决策部署，确保中央政令畅通。树立核心意识，要自觉维护党中央权威、维护习近平总书记核心地位，坚决服从党中央的集中统一领导、听从习近平总书记的指挥。树立看齐意识，要经常主动地向党中央看齐、向习近平总书记看齐，向党的理论和路线方针政策看齐，向党的十八大和十八届三中、四中、五中全会精神看齐，向党中央改革发展稳定、内政外交国防、治党、治国、治军各项决策部署看齐，确保各项工作沿着正确方向前进。

二要有求真的精神、务实的作风。求真，从大的方面讲，是科学判断新形势、准确把握规律、探求办法的措施。具体到岗位上来说，就是坚持把国家的利益放在首位，坚持把人民利益放在首位，增强压力感和紧迫感。务实，就是说老实话、办老实事、做实在人，是处事为人的立身之本。一个人的能力有大小，职位有高低，但只要是塌下心来做事、实打实地做人，就能干出些名堂，也就能取得组织的信任，得到群众的赞誉。每位党员要全面要求自己，能做事、会做事、敢做事，做好事、真做事、做真事。既讲责任心，也要讲责任制，要把责任心和责任制统一起来，时刻以敬畏之心对待肩负的责任，以进取之心对待从事的工作。

三要有实干的行动、实际的效果。实干，是共产党人的作风。集腋成裘，积土成山，事业的参天大树，就是一点一滴苦干出来的。苦干出思路，苦干出办法，苦干出形象，苦干出政绩。要真干而不要假干，要实干而不是虚干，为党和人民干而不是为自己干。我们要继续坚持"干"字当头、"实"字为先，遇到困难不缩手，干不成功不罢手，以实干求实绩，以实干求发展，以实实在在的业绩争做合格的先进的党员。

三、"两学一做"一定要严在经常，坚持学习教育常态化、规范化、长效化

学习教育不是一次活动，而是一种汲取智慧和力量的常态机制。作为一名党员，我们要依托"三会一课"等党的组织生活制度，发挥党员自我净化、自我提高的主动性，真正把党的思想政治建设抓在日常。通过党支部带头学习、"强制"学习、督促学习，可以让党员同志们习惯学习、自主学习、积极学习，从而让学习教育变成家常便饭。要结合自

身实际，制定可行的、科学的、符合自身的学习制度；一定要严明纪律、严格考核，要把"严实"精神贯穿始终，严格管理党员，加强党员教育，切实增强政治理论学习的宽度、深度、强度、速度、高度，把党的理论方针政策真正入耳、入心、入脑、入行，转换成我们干事创业的强大动力；要在学习教育的成效上下功夫，每位党员同志要积极把自己的一言一行融入"两学一做"的系统的学习教育中来，用"两学一做"严格要求自己，用"两学一做"深刻磨砺自己，让自己在"两学一做"的学习教育活动中能够做得更好，并且能不断提高、不断完善。

"以知促行、知行合一"。学是做的基础，做是学的目的。广大党员要把学和做统一起来，并贯穿于"两学一做"学习教育的全过程，统一于尊崇党章、遵守党规和用习近平总书记系列重要讲话精神武装头脑、指导实践、推动工作的具体行动，在自己的工作岗位上建功立业，为夺取新时代中国特色社会主义伟大胜利作出积极贡献。

以实际行动确保党的纪律规矩落实到位

——2016年10月19日"两学一做"第二专题党课学习体会

讲规矩、有纪律是党的优良传统，是党要管党、从严治党的必然要求，是马克思主义政党的内在属性。我们的党是由无产阶级领导的、以工农联盟为基础的马克思主义政党，是肩负历史使命的政治组织，必须有严明的政治纪律和政治规矩。只有严明纪律，我们党才能团结一致，战胜各种困难，推进事业的发展，实现民族的振兴。如果党的纪律成为摆设，就会形成"一人违纪，众人随之"的"破窗效应"，使党的章程、原则、制度、部署统统丧失严肃性和权威性，党就会沦为各取所需、自行其是的"私人俱乐部"，就会失去凝聚力和战斗力。因此，作为党员或党员领导干部，守纪律是底线，讲规矩必自觉，每个人必须强化纪律意识，将自己的言行紧紧地装在纪律的套子里，只有这样，我们才不会走错路、走弯路，才能在改革的大潮中不偏离航向，才能更好地完成自己教书育人的神圣职责，才能在中华民族伟大复兴的进程中展现出自己的才华和价值。

人不以规矩则废，党不以规矩则乱。"讲规矩、有纪律"是党员的基本义务。我们在入党宣誓时，都曾高举右手庄严承诺：严守党的纪律。为了这句承诺，多少共产党人在血与火的考验面前献出了自己宝贵的生命。今天，在全面建成小康社会、全面深化改革、全面推进依法治国、全面从严治党的大背景下，同样需要严守党的政治纪律和政治规矩，以此来严格约束自己的言行，明确政治方向、坚定政治立场、担负政治责任，自觉地在思想上、政治上、组织上、行动上与以习近平同志为核心的党中央保持高度一致。自觉维护党中央的绝对权威，时刻以一个共产党员的标准严格要求自己，不利于党的团结统一的话不说，不利于党的团结统一的事不做，以遵规守纪的模范行为，为党旗增光辉，为群众作表率。作为一名党员干部，能不能守纪律、讲规矩，是检验党员、干部的试金石。只有从思想上、行动上严格践行党的纪律，才会不走岔路、少走弯路。也只有每名党员、干部都成为守纪律、讲规矩的践行者，才能永葆党员干部队伍的"为民务实清廉"。如何在"讲规矩、有纪律"上争当模范表率，我们至少要从以下三个方面出发。

一、要做到"三个敬畏"和"五个必须"

"其身正，不令而行；其身不正，虽令不从。"人心是最大的政治，讲规矩、守纪律的政党才能得民心。在"减少腐败存量、遏制腐败增量、重构政治生态的工作艰巨繁重"的今天，强调规矩，也是改善政治生态的必要之举。要做到这些，就要树立政治意识、团结意识、程序意识、组织意识、原则意识，做到"三个敬畏"。

一是敬畏人民。一个合格的共产党员，必须怀着崇高的历史使命感和历史责任感，全心全意为人民服务，兢兢业业地做好每一天的工作。不仅自己不贪不腐、勤于奉献，而且在面对党内存在的现实而严峻的问题时，能保持立场坚定、旗帜鲜明、敢于亮剑、坚决斗争，任何时候都无愧于历史，无愧于人民。

二是敬畏党组织。作为一名党员领导干部，必须常怀忧党之心、恪尽忧党之责，以身许党许国、报党报国，自觉地把自己的言行同党组织的荣辱兴衰联系在一起，自觉维护党的形象和党的团结统一。须知在人民群众的眼中，我们不仅是一名普通的共产党员和党的干部，同时也是党的形象、党的化身。要用我们遵守党纪国法的模范行动，使人民群众更加认同党的宗旨、信任党的主张，坚定信心跟党走。

三是敬畏良心。一方面，我们要遵守党的纪律和党的规矩，自觉用党员标准严格要求自己，同时更要用守法公民的标准时时约束自己。中国传统文化讲究"吾日三省吾身"，夜深人静时，扪心自问是否对得起父母，对得起良心，能做到"仰不愧于天，俯不怍于地"，方为敬畏。

严守党纪党规。严守党的政治纪律和政治规矩是核心，要牢牢把握政治方向，牢记

"五个必须"要求，在大是大非面前保持头脑清醒、旗帜鲜明、敢于担当、敢于亮剑，始终坚持"五个必须"。

一是必须维护党中央权威，决不允许背离党中央要求另搞一套，必须在思想上、政治上、行动上同党中央保持高度一致，听从党中央的指挥，不得阳奉阴违、自行其是，不得对党中央的大政方针说三道四，不得公开发表同中央精神相违背的言论。

二是必须维护党的团结，决不允许在党内培植私人势力，要"坚持五湖四海，团结一切忠实于党的同志，团结大多数，不得以人划线，不得搞任何形式的派别活动。"

三是必须遵循组织程序，决不允许擅作主张、我行我素，重大问题该请示的请示，该汇报的汇报，不允许超越权限办事，不能先斩后奏。

四是必须服从组织决定，决不允许搞非组织活动，不得跟组织讨价还价，不得违背组织决定，遇到问题要找组织、依靠组织，不得欺骗组织、对抗组织。

五是必须管好亲属和身边的工作人员，决不允许他们擅权干政、谋取私利，不得纵容他们影响政策制定和人事安排、干预日常工作运行，不得默许他们利用特殊身份谋取非法利益。

二、要在践行"四有"中争做"四种人"

在中国共产党成立94周年前夕，习近平总书记给广大县委书记提出了四点新要求，一是要做政治的明白人，二是要做发展的开路人，三是要做群众的贴心人，四是要做班子的带头人。习近平总书记强调，县委书记要始终做到"心中有党、心中有民、心中有责、心中有戒"。做"四种人"新要求与"四有"高度契合，为新时期的县委书记及我们各级党员干部确立了一个标杆。

"心中有党"才能做好政治的明白人。政治上的清醒是"压舱石"，信念上的坚定是"总闸门"。政治立场不是个人问题，而是整个单位经济及社会发展的方向问题。党员干部要不断增强理想信念，不断提高政治素养、锤炼道德操守、提升思想境界，做到在复杂的形势下辨别是非、引领方向，不糊涂、不动摇，在大是大非面前始终保持清醒头脑，严守党的纪律，坚持工作原则，用坚强的政治定力练就"金刚不坏之身"。

　　"心中有责"才能做好发展的开路人。为官一任，就要造福一方。身为系党总支书记要善于谋划、统筹兼顾、把握重点，强力突破。要有一种敢闯、敢试、敢冒险的激情和锐气，勇于探索、不怕失败，敢于攻坚、不怕风险，善于突破、不怕挫折，咬定目标不分心，久久为功不走神。树立"功成不必在我"的思想，克服心浮气躁、急功近利、好高骛远、沽名钓誉等不良倾向，真抓实干，锐意进取，努力使一切工作都经得起实践、群众和历史的检验。

　　"心中有民"才能做好群众的贴心人。"当官不为民做主，不如回家卖红薯"。要把对上级负责与对群众负责统一起来，不飘浮、不忘本，切实转变工作作风，增强群众理念，增进群众感情，多与职工交朋友、多与群众结亲戚，拜群众为师，满怀深情地做好群众工作。要在感情上贴近群众，在决策上尊重群众，在利益上维护群众，想群众之所想、急群众之所急、解群众之所困，帮群众之所需，为群众诚心诚意办实事、尽心竭力解难事、坚持不懈做好事。

　　"心中有戒"才能做好班子的带头人。作为一班之长，不把自己等同于或凌驾于组织和集体之上，严格执行民主集中制，议事决策做到集体领导、民主集中、个别酝酿、会议决定。"公生明，廉生威"，在廉洁自律问题上，要懂得"只有百分之百严格、没有百分之一侥幸"的道理，敬畏党纪国法，严格执行领导干部廉洁从政各项规定，自觉接受组织的监督、群众的监督和舆论的监督。坚持严以律己，正派处事，作好表率，着力抓好班子，带好队伍，管好家属、亲友和身边的工作人员，不惹事、不出事，切实塑造清正廉洁的好形象。

三、认真贯彻执行党的政治纪律和政治规矩

　　不守纪律、不讲规矩的行为具有极大的危害性。这些问题在党内和社会上造成了恶劣影响，给党和人民的事业造成了严重损害。如果不下大气力整治，就会像病毒一样侵入党的肌体，最终导致病入膏肓、积重难返。社会不断进步，经济飞速发展，领导干部要将守纪律、讲规矩内化为思想自觉，外化为具体行动。认真贯彻执行党的政治纪律和政治规矩，努力做一名讲规矩、有纪律的好干部，做一个政治上的"明白人、清白人"。

1. 心中有戒，不逾底线

要把党的纪律作为悬在头顶的"三尺利剑"，多学习，知可为、知不可为，常保持一颗敬畏之心，牢记一切权力都有"界"，不能越界。头顶利剑，手握戒尺，需要"吾日三省吾身"，自觉摒弃"从众""侥幸"心理。凡是纪律要求做的，就必须不折不扣地坚决执行；凡是纪律规定不允许做的，就必须严格遵守，坚决做到"不越雷池半步、不踏红线毫厘"。慎初、慎权、慎独，严以律己、严以用权、严以修身。"见微知著，防微杜渐"，要始终守住纪律底线，使"守纪律"成为浸在骨子里、融在血液中的自觉修养。

2. 遵规守矩，依规办事

讲规矩，就是要讲党性、讲大局、讲团结。党员领导干部讲规矩是政治上成熟和清醒的标志。各级党员领导干部必须带头讲规矩，守规守矩，入脑入心，切实把党章作为最基本、最重要的规矩来遵守；坚持按照党的组织原则和党内政治生活准则办事，讲大局，识大体，做到知大知小、知进知退、知荣知耻、知是知非；增强讲规矩的自觉性和坚定性，心胸开阔、海纳百川，自觉敬畏规矩，不搞特殊、不越雷池、不乱章法。火车越轨就要翻车，人不守规就要出事，要想有序通行、安全通行，就必须自觉遵守交通规则。作为党员领导干部，离开了"规矩"的约束，工作就会出现这样或那样的问题，就很难避免犯这样或那样的错误，而只有讲规矩，才能保证党的政令畅通。

3. 顾全大局，融入工作

每位党员领导干部都要进一步强化政治意识、大局意识、责任意识、诚信意识和纪律观念，自觉置身于纪律和规矩之下，严格按党性原则办事，按政策法规办事，按制度程序办事，以制度管权、管人、管事，做到依法行政，依法办事。要时时事事从党性原则出发，自觉将"守纪律、讲规矩"融入日常工作、生活中，对不符合纪律和规矩的事情，敢于说不，勇于碰硬，坚决维护纪律和规矩的严肃性和权威性。要顾全大局，克服本位主义、个人主义，坚持小道理服从大道理，个人利益服从大局利益，要不断增强政治敏锐性和政治鉴别力，明辨是非，坚持原则，敢于同各种错误思想和错误行为作斗争，做党的理论的忠实实践者，路线方针的忠实执行者，政策原则的坚定维护者，确保始终沿着正确的方向前进。

4. 加强修养，端正作风

在现实生活中，党员领导干部的生活作风和生活情趣，不仅关系到个人品行和形象，还关系到党在人民群众中的威信和形象，因而绝不是小事。每位党员领导干部都要注重自身修养、明荣知耻，讲操守、重品行，始终做到生活正派、情趣健康，警惕不良思潮和观念潜移默化的腐蚀作用，防微杜渐，把住小节。只有坚持不懈地加强自身修养、锤炼党性，真正做到"守纪律、讲规矩"，才能守住为官做人的底线，守住自己的政治生命线。

5. 制度约束，常态监督

推行权力清单制度，强化落实过程的控制，强化对执行结果的考核，强化党委的主体责任和纪委的监督责任，对于严重违反政治纪律和政治规矩的行为严肃查处，实行"一案双查"，既要追究当事人的责任，又要追究主体责任、监督责任和相关领导的责任，把党员、干部"守纪律、讲规矩"的要求真正落到实处。严守纪律紧一扣，严明规矩实一分。"守纪律、讲规矩"是我们党保持团结集中统一的"利器"，是党员、干部的党性和对党忠诚度的"试金石"。党纪党规教育必须制度化、经常化、规范化；"守纪律、讲规矩"的监督机制必须操作性强、系统配套、务实有效，这样才能用纪律和规矩管住党员干部中的大多数，努力使党员、干部成为自觉"守纪律、讲规矩"的表率和模范。

实践证明，党员、干部出问题，都是从突破纪律、破坏规矩开始的。"为官之义在于明法"，"守纪律、讲规矩"才能不出事。只有做到将党纪国法内化为心中的"戒尺"，在纪律、规矩面前认真而不任性，个人才能不触雷、不踩线，党组织才更有威信和尊严，更有凝聚力、战斗力。纪律和规矩是不可逾越的底线，每名党员只有真正把纪律和规矩作为内心尊崇的准则和指导言行的指南，才能让自己在任何时候挺直腰板做人做事。纪律是管党治党的"尺子"，各级党委和纪委要把这把"尺子"用足、用好、用严，进一步严明党的纪律，特别是政治纪律和政治规矩，这样才能锻造出一支党和人民可信赖的党员干部队伍，我们的事业才能无往而不胜。

敬教育才

坚持立德树人，做"四讲四有" 合格教师党员

——2016年11月23日"两学一做"第三专题学习体会

栉风沐雨杏坛路，泽被桃李竞芬芳。教师被誉为"人类灵魂的工程师"，更被称为"太阳底下最光辉的职业"。教师担负着教书育人，传播人类文明，为社会主义事业培养合格人才，提高民族素质的责任。教师的思想道德、知识水平、业务能力、心理素质如何，将直接影响到人才的质量与教育的效果，关系到中华民族伟大复兴能否真正实现。

国家繁荣、民族振兴和教育发展迫切需要培养和造就一支师德高尚、业务精湛、结构合理、充满活力的教师队伍，党员教师作为教师队伍中的优秀代表，要带头着力培育并身体力行社会主义核心价值观，做到"言为士则、行为世范"，真正成为有理想信念、有道德情操、有扎实学识和有仁爱之心的"四有"教师，真正成为践行"讲政治、有信念，讲规矩、有纪律，讲道德、有品行，讲奉献、有作为"的时代先锋，这不仅是时代的呼唤，也是人民的期盼，更是全体教师立德树人的前进标杆。只有这样，我们的教育事业才能永葆党的先进性和纯洁性；只有这样，才能确保我们伟大的事业凝聚强大的动力，焕发出勃勃生机。

党员教师讲道德、有品行，就是做人要实，要光明磊落。对于党员来说，就是要忠诚老实、襟怀坦白、言行一致、表里如一，做老实人、说老实话、干老实事。一要做老实

人。共产党人做老实人，就是要忠实地面对党、面对组织、面对人民、面对同志。二要说老实话。说老实话，就是成绩不夸大，缺点不缩小，错误不隐瞒，坚持真理、尊重事实，切实做到言行一致、知行统一。三要干老实事。广大党员要抱着对党和人民高度负责的态度，以大局为重、以发展为要、以民生为大，对工作尽力，对岗位尽责，对事业尽心，崇实干、用实劲、求实效，以求真务实的作风赢得群众的真心拥戴。

党员教师要讲道德、有品行，应当把"慎初、慎小"作为突破口，从小事做起。党员的作风养成，要从日常着手，从点滴做起，从小事破题，从细节加分。每一名共产党员都应带头践行社会主义核心价值观，带头弘扬中华民族优秀传统美德，带头恪守社会公德、职业道德、家庭美德和个人品德，自觉远离低级趣味，坚决抵制歪风邪气。要把加强道德修养作为十分重要的人生必修课，要提升道德境界，追求高尚情操，自觉立德、修德、践德，明大德、守公德、严私德，守住做人、处事、交友的底线。

党员教师讲道德、有品行，说到底就在于能否正确处理"公""私"二字，能不能做到严以用权，有没有正确的权力观。党员领导干部要从思想源头上牢固树立正确的权力观，切实处理好公和私、情和法、权和法的关系，时刻要对手中的权力心有所畏、言有所戒、行有所止，真正做到为民用权。

有教无类川归海，万世师表学仲尼。作为人类灵魂工程师的我们，应在"两学一做"学习教育的统领下，坚持立德树人的根本任务，站在实现"两个一百年"奋斗目标和中华民族伟大复兴中国梦的战略高度，砥砺品质，锤炼作风，增长才智，锐意进取，努力成为一名"四讲四有"的合格党员教师。

真抓实干当表率 务实进取乐奉献

——2016年11月23日"两学一做"第四专题心得体会

　　做合格的共产党员，既要讲政治、有信念，讲规矩、有纪律，讲道德、有品行，还要讲奉献、有作为，这是为党之基，是实现中华民族伟大复兴的根本保证。

　　做"讲奉献、有作为"的合格共产党员，这是由共产党的先锋队性质和中国特色社会主义事业的艰巨复杂性所决定的，也是合格党员理应尽到的义务和责任。《中国共产党章程》（党章）对党员必须履行的义务作了八条规定，其中第二条规定：贯彻执行党的基本路线和各项方针、政策，带头参加改革开放和社会主义现代化建设，带动群众为经济发展和社会进步艰苦奋斗，在生产、工作、学习和社会生活中起先锋模范作用。这是要求共产党员要有所作为。第三条规定：坚持党和人民的利益高于一切，个人利益服从党和人民的利益，吃苦在前，享受在后，克己奉公，多做贡献。这是要求共产党员要多奉献。因此，每位党员要时刻铭记党章对我们提出的要求，不忘我们的责任和义务，践行我们入党的庄严承诺。

　　做"讲奉献，有作为"的共产党员是实现中国梦的根本保证。今天，我们正处于大有可为的战略机遇期，但经济下行压力加大，发展中深层次矛盾凸显，而且还会加大。我们既要把握好政治、经济、文化、社会、生态"五位一体"的社会主义格局，还要处理好稳定与发展的关系，任务艰巨且复杂。我们必须明确：伟大的事业需要一支由千百万人民群

众组成的大军来完成，共产党员队伍就是这支大军的一面大旗，大旗不能倒。在"两学一做"学习教育中，每名党员都要"讲奉献、有作为"，拿出干劲做好本职工作；党员干部要破除"廉而不为"的风气，以夙兴夜寐的工作状态投入工作，甘于奉献、努力作为，中国梦的美好愿景才能变为现实。

为实现中华民族伟大复兴的中国梦而奋斗，是全体共产党员的时代主题。我们希望每一位共产党员坚定信心，敢于有梦、勇于追梦、勤于圆梦，能为实现中国梦不断输入强大的正能量，因此必须先让他们真正做好"讲奉献、有作为"的共产党员。那怎样做好"讲奉献、有作为"的共产党员呢？

"讲奉献、有作为"，是共产党员先进性的重要体现和应有的政治品格。党的"两个先锋队"性质和"三个代表"先进性决定了党员要讲奉献、有作为、敢担当。"不忘初心，方得始终。"全心全意为人民服务是我们党的根本宗旨。强化党员的宗旨意识，践行先进性，真正发挥表率模范作用，是保持共产党员，特别是党员领导干部先进性的根本。成为一名党员是光荣的，其光荣之处不在于党员的政治身份如何显耀，而在于党员应该也必须具有"舍己为公"的奉献精神，在于党员应该也必须具有比一般群众更骄人的业绩。然而，当前一些党员的行为却与之相背离，工作上混同于一般群众，甚至不如群众；与群众争利益，被群众背后戳脊梁骨。特别是党员干部中为官不为、怠政懒政风气有所抬头。有的精神萎靡不振，遇事装聋作哑；有的工作不推不动，甚至推而不动；有的遇到问题左躲右闪，遇到矛盾上推下卸；有的用会议贯彻会议，以文件落实文件；有的动口不动手，务虚不务实。

做"讲奉献、有作为"的合格党员，一要提高能力，激情工作。习近平总书记指出，党员要"对工作任劳任怨、尽心竭力、善始善终、善作善成"，"好干部必须有责任重于泰山的意识"，"为官一任、造福一方。"通过"两学一做"学习教育，普通党员要牢牢记住党员的义务和身份，在岗爱岗，创先争优，作出表率。党员干部要主动适应新变化，勇于实践；要努力学习，提高本领。少一些酒酣耳热，多一点勤学笃行，提高科学决策的水平。工作中要善于克服困难，积极地寻找克服困难的具体办法，不要被眼前的复杂局势和问题吓倒。要敢啃骨头、敢挑大梁。要多实践、多调研，真正把自己身上的责任担起来，真正把手头的工作当作一番事业来做。

做"讲奉献、有作为"的合格党员，二要尽职尽责，敢于担当。天地生人，一人应有一人之业；人生在世，一日当尽一日之责。习近平总书记指出："当干部就要有担当，有多大担当才能干多大事业，尽多大责任才会有多大成就。"通过认识"两学一做"学习教育理念，党员面对大是大非要敢于亮剑，面对矛盾要敢于迎难而上，面对危机要敢于挺身而出，面对失误要敢于承担责任，面对歪风邪气要敢于坚决斗争。当前，我校面临诸多困难和挑战，我们人才培养的质量还有待提高，我们缺少标志性的成果，还没有形成很多的特色亮点，等等，在面对职业教育千帆竞发、百舸争流的激励竞争局面时，我校要想有一席之地，尤其需要强化担当精神，还需全校职工，特别是党员干部要讲奉献，不讲代价；要讲付出，不讲回报；要勇于攻坚克难，敢于直面问题，以有效的举措，使工作不断取得突破性进展，把争创一流职院的职责记在心上、扛在肩上、落到实处。

做"讲奉献、有作为"的合格党员，三要牢记宗旨，干事创业，时时处处体现先进性。不管是各级领导干部，还是一般普通党员，都要做到心中有党，牢记党员的义务和身份，在平凡的工作岗位上创先争优，树典范、作表率；要心中有民，牢记"全心全意为人民服务"的宗旨，为民、助民、富民、惠民、安民，永葆"一心为民"的公仆情怀；要心中有责，牢记责任担当，保持干事创业、开拓进取的精气神，平常时候看得出来，关键时刻冲得上去；要心中有戒，牢记党纪与国法，心存敬畏，有所为、有所不为，做到清清白白做人、干干净净做事、坦坦荡荡为官。

空谈无为误国，实干奉献兴邦。宏伟蓝图已经绘就，壮丽前景催人奋进，全校广大党员干部一定要抢抓机遇、应势而起、乘势而上、顺势而为；一定要爱岗敬业、勇于担当、甘于奉献；一定要有时不我待的干事激情、勇往直前的昂扬斗志、敢为人先的创新精神、抓铁留痕的务实作风，真正做到在遵纪守法上、在清正廉洁上、在作风建设上、在求真务实上、在敢于担当上做"讲奉献、有作为"的表率，凝聚起强大的正能量，为加快推进学院改革发展做出新的更大贡献！

汲取党史力量 再创职院辉煌

——2021年4月19日党史学习心得

常言道："以铜为鉴，可以正衣冠；以古为鉴，可以知兴衰；以人为鉴，可以明得失；以史为鉴，可以知兴替。"由此可见，以史为鉴对于一个国家的繁荣富强是多么的重要。党史是中国共产党自诞生以来领导中国人民为实现中华民族伟大复兴而进行的探索史、奋斗史、创业史，是全体中国人民智慧的结晶。重温党的光辉历程，深刻了解党的理论和历史变革，才能不断从历史的经验教训中汲取营养和智慧；才能了解中国共产党苦难辉煌的历程；才能明确中国共产党和中国未来的发展方向；才能把握今天，创造明天；才能凝聚实现中国梦的强大动力。

最近一段时间，我怀着崇敬的心情学习了中国共产党历史，中国共产党100余年的风雨历程，其中充满了艰辛与坎坷。从成立之初的星星之火，到后来的燎原之势，中国共产党经历了战火的洗礼和时代的考验，怀着永不言弃的精神，带领中国人民从落后贫穷的旧社会走到了富强民主的新时代，其中凝聚着无数共产党人的思想和智慧。

党史是一部血浓于水的亲情史。中国共产党心中时刻装着人民、群众，视他们为亲人，和他们交朋友，始终把人民的解放和幸福作为自己工作的出发点和落脚点。

党史是一部逐步强大的奋斗史。中国共产党始终把国家富强、民族复兴、人民幸福作为自己的初心和使命，并坚持把这份事业负责到底，力争做到不解决具体问题不罢手、群

众不满意不收兵。

党史是一部创造奇迹的光荣史。中国共产党领导全国人民在千疮百孔、满目疮痍、饿殍满地的中华大地上建立起了新中国,从贫穷落后、一穷二白的旧社会到全面建成小康社会,给中华儿女带来了尊严和希望,带来了无穷的幸福和荣光。

学习党史,是对建党百年光辉历程的致敬,也是对我们党事业发展前进的激励。我们学习党史,就是要时刻恪守全心全意为人民谋幸福、为民族谋复兴、为祖国谋强大的初心,这是我们党永葆先进性、纯洁性的关键,是取信于民、受民敬仰和爱戴的根基所在;是我们党发挥共产党员模范带头作用,以自身的实际行动,团结和带领广大群众为实现中华民族伟大复兴中国梦而奋斗的精髓所在。我们学习党史,就是要让自己时刻不忘眼下的幸福生活来之不易,警示自己不要忘记初心和使命;我们学习党史,就是要让自己在苦难和挫折中坚定理想信念,锻炼意志品质,在任何困难面前绝不低头、绝不认输,不放弃、不抛弃,抱有必胜的信心迎难而上,坚守目标,矢志不渝,创造实实在在的辉煌业绩,为共产主义事业奋斗终生!

我们作为高校老师,承担着培育社会主义事业接班人的重任,更应在党史学习中起到模范带头作用,要不断学习中国共产党百年辉煌历史中形成的先进思想理论、汲取精神力量,真正做到以科学的理论武装人、以正确的舆论引导人、以高尚的精神塑造人、以优秀的作品鼓舞人,为祖国培养合格的建设者和接班人。也只有深刻认识和了解了我们党的波澜壮阔的历史,我们才能明理悟思想、增信担使命、崇德葆初心、力行办实事,才会把实现"中国梦、职院梦、青春梦"的满腔热情转化为刻苦学习、勤奋工作、报效祖国的实际行动,心往一块想、劲往一处使,汇聚起实现中国梦的强大力量。

目前,我校正处在发展的关键时期,时代的要求与现实的挑战都要求着全校每一位教职员工必须做到以下几点。

一是要锤炼绝对忠诚的政治品格。要从党史中汲取强大的真理力量、思想力量、实践力量,要从党史中汲取敢闯敢试、拼搏进取的智慧力量,不断夯实绝对忠诚的思想根基,进一步增强"四个意识"、坚定"四个自信"、坚决做到"两个维护",做习近平新时代中国特色社会主义思想的坚定信仰者和忠实践行者,始终同以习近平同志为核心的党中央步调一致、行动统一。继承我们党守正创新的优良传统,用革命先辈先烈的感人事迹和不

屈不挠的奋斗精神鼓舞士气、激励自己，不断升华思想境界、陶冶道德情操、涵养浩然正气，把工作干得更好。

二是要强化义不容辞的使命担当。要进一步深刻认识一代人有一代人担当的本质内涵，把组织的重托、人民的信任看得比泰山还重，以事业为重、以担当为荣，自觉顶起自己该顶的那片天，担起自己该担的那份责，答好时代之问，创造出无愧于历史、无愧于时代、无愧于人民的更大业绩。

三是要矢志为学校兴旺发展贡献力量。广大教职员工要进一步树立责任意识，增强从事教育事业的使命感和荣誉感，要发奋努力、真抓实干、不辱使命、不负众望，凝心聚智谋发展，同心齐力建一流；要进一步转变教育观念，加强教育教学改革，不断提高人才培养质量。要坚持以服务为本，始终致力于德才兼备的高端技能型人才的培养；要坚定不移地走特色化办学之路，加强特色专业、特色课程建设，推进"四百工程"的落地生根；特别是要在目前全国上下紧锣密鼓推进职教高地的建设时期，全校教职员工一定要有"落后就会挨打，不进就会淘汰"的紧迫感和危机感，培养自身"只争朝夕，不负韶华，顽强拼搏，奋勇争先"的责任感和集体荣誉感，为我校的职业教育提质培优、做大做强作出贡献，不断增强学院在全省乃至于全国同类高职院校中的比较优势和核心竞争力，助力"职院梦"的实现，努力为建设强盛中国、文明中国、和谐中国、美丽中国作出贡献，在实现"中国梦、职院梦、青春梦"的历史征程中谱写出精彩篇章！

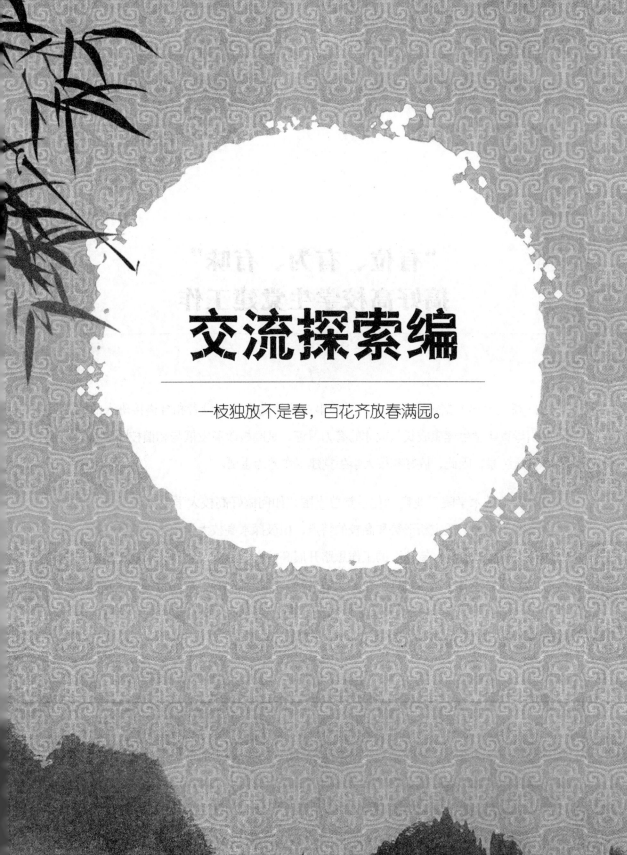

交流探索编

一枝独放不是春，百花齐放春满园。

"有位、有为、有味"
搞好高校学生党建工作

搞好高校大学生党建工作，是为党的事业培养高素质建设者和合格接班人的伟大工程，是引导青年学生健康成长与成才的有力保证，是高校改革发展与和谐校园建设的重要保证和力量源泉，因此，搞好高校大学生党建工作尤为重要。

郴州职业技术学院工业自动化系党总支围绕如何搞好高校大学生党建工作，坚持以科学发展观为指导，适应新形势和高校的特点，积极探索高校大学生党建的新举措、新方法，按照"有位、有为、有味"的工作思路开展高校大学生党建工作，形成党员和入党积极分子"长期受教育，永葆先进性"的长效机制，把思想端正、意志坚定、大有作为的青年学生凝聚到党的队伍和事业中来，开创了高校学生党建工作的新局面，收到了很好的效果。

一、有位

"位"是一种动力，是一种压力，有了位后，事情执行起来才能做到有的放矢，学生才会努力地工作和学习，从而更有作为。高校每位大学生的本质都是积极求上进的，很多学生对追求入党的信念是坚定的、愿望是迫切的，但很多学生却不知该从哪些方面去锻炼和完善自己，怎样去接受党组织的考验，特别是一些没有担任主要学生干部的无职同学，平时不多加强对他们的培养锻炼，他们就会认为党组织不重视他们，会因此缺乏应有的激情和动力。基层党组织应积极探索新形势下高校党员和入党积极分子教育培养、管理考察、考核监督的有效机制，在系、班级党组织中开展"设岗定责"活动，给党员和入党积极分子搭建"有位、有为"的平台，给每位党员和积极分子同样上岗履职、平等竞争、实现自我价值的空间和机会，使"千里马"真正有"用武之地"，实现党员和入党积极分子"有岗有位、有位有为"的目标，为和谐校园建设提供强有力的保障。

何为"设岗定责"？

一是使每位党员和入党积极分子明确自身固有的岗位和职责，即每一个学生所在的班级、团支部、寝室等固有的位置，要考察每个学生在这些位置中发挥作用的情况，如本人学习成绩好坏、集体荣誉感强弱、集体活动是否积极参加等。针对学生寝室，创新学生公寓党建方式，建立寝室育人机制，建立党员和积极分子责任区、样板寝室、标准床铺、党建公寓宣传板等，把学生党员和入党积极分子在公寓的表现纳入考评，并以简报和宣传栏的形式及时对日常检查情况进行通报，以发挥学生党员和入党积极分子在岗位中的积极主动性和先锋模范作用。

二是根据学院、系部存在的实际问题和薄弱环节，党组织创建开展一些常规性、针对性、考验性的党建竞赛评比等特色活动，设定需要党员和入党积极分子发挥作用的具体岗位，并划定党员能做且能做好的若干具体事项，对他们派任务、压担子，并按照"定标准，不定范围；定目标，不定过程；定岗位，不定人数；定效果，不定原因"的要求检查落实情况，达到"以做促学，以赛促培，在做中发现，在赛中选择，变相马为赛马"的效果，促使学生在这些特色的活动岗位上更真实全面地展示出自己的素质和能力，为促进品德端正、意志坚强的优秀人才快速成长创建"有为"的平台。在学生党员和入党积极分子当中开展"四联四评"活动，即每一名党员或入党积极分子联系一个党小组、一个社团、一间寝室、一名学生，并开展评选先进党小组、优秀社团、文明寝室、学生标兵等活动，然后每月对联系开展的活动情况进行量化考核。

三是逢节假日、放假、重大活动、公益劳动、评先评优等关键时刻，相关人员的表现、态度、作风、精神是比较能够衡量和判断一个人的，因此，党组织要在这些关键时刻，给党员和入党积极分子安排相应的岗位，要求这些同学去完成与岗位相匹配的工作任务，并加强对这些同学的跟踪考核，以此来进一步检验我们的党员和入党积极分子的入党动机是否纯洁，态度是否端正，愿望是否迫切。

通过"设岗定责"搭建平台并加强跟踪考核管理，同时通过加强监督、评岗比岗，切实增强"设岗定责"的实际效果，学生党员和入党积极分子就会主动思考如何以一个党员的标准去严格要求自己，如何去尽到一个党员的职责和义务，也会时刻明白自己处在组织的监督考察之中、同学的监督之中，会因此更加自觉地带头搞规划、带头搞学习、带头搞好本职工作，时时、处处、事事以身作则，在群众中积极发挥模范带头作用，为各项工作带来新气象。

二、有为

把符合党员条件的优秀青年学生凝聚到党的队伍和事业中来，是学校党组织建设和事业发展的一项战略任务，也是实现我们的教育目标，培养高素质人才的需要。吸收大学生入党，既要看其对党的理论和路线方针政策的学习掌握情况，也要从平时的言谈举止中了解其政治态度和政治立场，尤其是在关键时刻的政治表现；既要看其学业成绩排名，也要看其专业思想是否牢固，学习态度是否端正；既要看其学习表现，也要看其综合素质。要真正把政治思想素质好、专业发展有潜力、有事业心和责任感的优秀大学生纳入党组织的视野，把真正想作为、能作为、有作为的学生发展入党。要做好这方面的工作，就必须建立起一套科学合理、公平公正的学生党员教育培养、推优考核的发展机制，以"为"为依据、以"为"为准绳。要做到这一点，必须采取以下原则。

一是定性与定量考核相结合的原则。要按照德育为先，德、能、勤、绩、群众满意度并重的标准，对每位入党积极分子尽可能量化考核，并对考核的情况进行定期公布，接受群众的监督，公平和公正地选拔优秀人才，这样才能开展有序的竞争，能充分调动入党积极分子的积极性和主动性。

二是定期与不定期考核相结合的原则。为了全面真实地对入党积极分子进行考察培养，要求各党支部、培养联系人、党小组要按照量化考核的标准，深入到教室、寝室等学生群体当中，按照每个人的岗位职责，定期或不定期对入党积极分子进行考核，以便全面、真实地对入党积极分子进行考核培养。

三是多层次考核与党支部重点综合考核相结合的原则。要全面且真实地对入党积极分子进行评价，要严把入党积极分子的"推荐关"、建党对象的"考察关"、发展党员的"审批关"和预备党员的"转正关"，完善团组织"推优"制度、入党联系人制度、考察和预审制度、坚持党员发展公示制度，严格入党程序和仪式、入党材料归档制度以及党员发展责任追究制和考核制等。

四是瑕不掩瑜、功不抵过的激励原则。系部党总支完善和规范党员和入党积极分子的培养、考评、选拔使用的激励工作体系，以激励、鞭策的方式，公平、公正地对学生做出评价，功过分明、择优挑选，精心打造"想干有责任、会干有技能、巧干有特长、实干有贡献"的高素质的党建后备队伍，严格按照"思想品德是表率、学习技能是尖子、文明素质是标兵、生活作风是模范"的标准，择优发展入党及评先评优。注重在学生干部中择优发展，同时也要在同样有成绩、有作为的无职学生当中择优发展，使党建工作成为覆盖不同层面、调动全体学生的聚心工程和激励工程。

三、有味

高校党建活动是在校学生党员和入党积极分子学习理论、统一认识、交流思想、总结经验、党内监督的阵地，是加强党的思想建设和作风建设的重要途径，是加强党员教育，提高党员素质，保持党员先进性，增强党组织凝聚力、向心力、战斗力的思想基础。

高校党建活动是加强对党员及入党积极分子思想教育的有效途径，是进一步加强学院党建工作，探索新形势下党建工作的新思路、新方法、创新党员教育的重要方式。活动要以科学发展观为指导，紧密结合高校党建工作的实际情况，开展丰富多彩、形式多样、主题鲜明的党建活动，调动广大党员和入党积极分子的用心性和创造性，增强基层党员和入党积极分子的凝聚力、向心力和战斗力。

大学生是青年群体的重要组成部分，更是国家和民族未来的脊梁，是中国特色社会主义各项事业的生力军和接班人，大学生们承担着继往开来、迎接挑战、推动中国走向世界强国之林的历史使命，而大学生党员是当代大学生群体中的中流砥柱，是共产主义事业薪火相传的青春力量，高校各级党组织必须大力加强大学生党建工作，创新党建工作方法，提高党建工作的凝聚力、向心力、战斗力，为开创高校党建工作新局面贡献力量、再创辉煌！

加强大学生创业意识，
提升大学生创业品质

在应届毕业生就业形势日益严峻的情况下，大学生创业，一方面能搭建实现大学生自身价值的最好平台，另一方面则能创造更多的就业机会，对于家庭和谐、社会稳定、经济发展壮大起着至关重要的作用。

如今，各级各部门在支持大学生创业方面出台了许多重要政策，采取了不少重大举措，积极鼓励大学生自主创业。特别是在高校设立创业孵化基地、开展大学生创业培训等方面做了大量的工作，也取得了较好的效果。然而，现实生活中真正有创业意愿，或是有创业意愿而付诸行动乃至成功的案例并不多。造成这些局面的主要原因是大学生自身创业意识不强，创业能力与创业心理品质不足。因此，要创业就得从强化大学生的创业意识、提升大学生的创业品质、树立伟大的创业精神入手，且必须在这些方面取得实效。那么如何卓有成效地加强对大学生创业意识的培养、提升大学生的创业品质呢？我认为应从以下几个方面进行引导。

一、精神与责任

创业精神是创业意识的主体，是树立创业意识、实现创业目的的根本。创业精神可

以激发一个人主动去追求、去学习、去掌握创业本领，可以引导个人的创业行为，产生创业效果。建设有中国特色的社会主义伟大事业，其前进道路上充满着荆棘坎坷、困难挫折，这需要伟大的创业精神提供来支持。强烈的创业精神和顽强的进取心，百折不挠、坚韧不拔的英雄气概，将成为我们创业道路上的助推器。但许多大学生在成长过程中，恰恰缺乏全方位的能力、素质以及创新、创业精神。因此，在对大学生进行创业意识的培养过程中，培育大学生良好的创业精神，要使每一个大学生都拥有艰苦奋斗、知难而进，积极开拓、自强不息和谦虚谨慎、不骄不躁的意志与品格，拥有勤俭节约、清正廉洁，遵纪守法、讲求信誉等道德情操，大学生在创业过程中才会拥有无穷的动力。

在良好创业精神的引导下，还应着重培养大学生积极正确的责任意识，责任意识是培育一切优秀品质的首要因素。当一个人具备强烈的责任感时，他就会自觉树立起远大理想，并产生强大的精神动力，从而去战胜各种困难。人一旦有了强烈的责任感、义务感，就会对生活充满热情、积极性和主动性，就能够关心他人、群体和社会，就敢于对自己的言行及后果负责，对自己的命运、前途负责，对自己生存的社会负责，就能体验到人生的乐趣、价值和意义。因此，强化和弘扬大学生的社会及个人责任感，是促使大学生实现个人价值与社会价值的重要途径，是将广大青年培养成为"四个新一代"的必然要求。

在对大学生进行创业意识的培养过程中，要引导大学生把个人前途与祖国的命运联系起来，把个性的发展与社会要求联系起来，把职业的选择与祖国的需要结合起来，要有"心忧天下""为中华之崛起而读书""先天下之忧而忧，后天下之乐而乐"的忧患意识和社会责任感，不仅要知道"何以创业"，而且要理解"为何创业"。只有这样，大学生的创业意识才会更为理性，在创业过程中才会更有动力、更具活力。

二、创新与务实

迎接未来科学技术的挑战，最重要的是要坚持创新、勇于创新。创新是一个民族进步的灵魂，是一个国家兴旺发达的不竭动力，一个没有创新能力的民族，难以屹立于世界民族之林。

大学生是我国社会主义的未来建设者和接班人，大学生的创新素质直接关系到国家的发展和前途。大学生在设定创业目标时，应当具备全球眼光，能够着眼于全球的先进技术、先进理念和先进意识。如今许多大学生缺乏创新精神，个人创新能力不强。一是缺乏创新观念和创新欲望，虽不满于现状，但只是满腹牢骚，唉声叹气，缺乏行动力和信心。二是缺乏创新毅力，虽然有些学生认同毅力在创新能力中的重要性，但在实际行动中往往虎头蛇尾，缺乏坚持，容易放弃追求。三是缺乏创新兴趣，现在大学生的兴趣往往会随着时间、环境、心情等经常变化，缺乏一定的深度和广度。四是缺乏创新思维能力，需要加强创新思维能力的培养与锻炼。因此，在大学生的创业培训过程中，我们一定要立足于培养大学生的创新精神，培养他们的创业品质、创新思维、创新能力，使他们树立起知识创新、制度创新、科技创新、服务创新和市场创新等在各方面创新的思想和意识，鼓励他们"想创新创业，敢创新创业，善创新创业"。只有具备了创新精神，我们才能在未来的发展中不断开辟新的天地，大学生创业才会在巨大的挑战中立于不败之地。

大学生创业要有创新的精神，但必须以科学发展观为指导，与实际相结合，要有一种脚踏实地、务实进取的作风。创新是目标，务实才是基础，因此我们在培养大学生创新品质和精神的同时，更应注重培养大学生创业务实的作风。创业不是比赛，更不是活动，而是踏踏实实的工作。许多人好高骛远，认为创业就一定要从事高科技相关行业，一定要一鸣惊人，不屑于从事服务业或技术含量较低的行业，这也是很多大学生企业难以存活，在两三年内要么被收购、要么散伙的主要原因之一。

大学生创业要树立"赚第一分钱，而不是掘第一桶金"的观念，树立"凡事不坐着空想而是先试试，只要有钱可挣，什么苦都可以吃；大钱要赚，小钱也要赚；不安于现状，通过自己的努力达到目的"的观念。在创业时，不要只盯着大商机、高科技，而是应该扎扎实实地从基础行业开始练兵，在务实中积累资金、技术、经验，步步为营，逐步强大，这样才会有创新的基础，我们的创业工作才会具备强大的生命力。

大学生要培养严谨求实的作风、坚忍不拔的意志品质，不断发扬艰苦奋斗的精神。一方面，要"敏于行"，把每项工作落到实处。天上不会掉馅饼，有行动才会有收获，不劳而获的想法无论何时何地都与务实精神相悖。无论何时何事，都应该坚持脚踏实地、积极工作，不能华而不实、光说不做，成为"语言的巨人、行动的矮子"。另一方面，要坚持高标准、严要求，把每项工作落到细处。我们在实践中应该提倡一种"严谨些、再严谨些，细致些、再细致些"的工作作风，反对蛮干、瞎干、乱干，在出实招、办实事、保安全中求实效。只有这样，创业工作才会走向成功，各位创业的大学生才能够成为时代的弄潮儿。

三、激情与困难

创业的首要条件是创业激情，激情是人的意趣和性情的自然表达，是创意的源泉，也是提升和凝聚人气的途径。"没有理性，不可能生成实力，而没有激情，则不可能造就魅力"。激情是导火索，是催化剂，是发动机，是赛场上比分胶着时震耳欲聋的加油声，是战场上狭路相逢时勇者的那份威猛。在创业场上，激情与创意、活力和成功相伴相生。大学生应是茫茫人海中最富有激情的群体，于他们而言，应注重激情的培养、保护及有效释放，基于理性的创业活动才会更精彩。着手培养学生的激情，一是要培养他们的生活情趣，激发他们的生命活力。二是要培养他们对成功和实现价值的渴望。常言道："不想当将军的士兵，不是好士兵。"被成功渴望所点燃的创业激情，会令整个创业过程充满新鲜感、趣味感乃至美感。三是要让他们充满激情地尝试创业，把激情转化为灵感、创意，转化为感染力乃至生产力。古今中外那些伟大的创造，多由激情引发。我们要鼓励大学生积极创业，点燃大学生创业的激情，这样，我们的时代才会不断地向前进步。

有激情是好事，但激情不等同于能力。仅靠激情，不可能克服创业路上的所有难题；盲目激情，还会使自己的创业之路遇上意想不到的险阻。"创业艰难百战多""创业与困难同在，成功与艰辛并存"，创业是一项极具挑战性且非常艰难的社会活动，不是纸上谈兵、一蹴而就的事。创业过程中充满着各种困难及无数的艰辛，给创业者自身智慧、能力、气魄、胆识以及生理和心理带来了全方位考验，千头万绪的工作要做，各种各样的问题要解决，你若想前进，就不能逃避，只有敢于向命运抗争，懂得用实际行动去坚持，勇于排除前进路上的各种障碍，方能前进。因此，在激发大学生创业激情的同时，要引导大学生保持理性与冷静，要培养大学生正确认识困难、勇于面对困难，艰苦奋斗、坚韧不拔的意志品质；激情之外亦要不断磨炼自己、增进创业技巧、积累创业经验。这样的大学生创业者，才有可能真正走向成功的彼岸。

四、技能与实践

大学生创业仅有良好的愿望和满腔的激情是不够的，还需要了解创业的规律，掌握一定的创业知识和技能。创业不是海市蜃楼，不是凭空想象就能做好的事。创业是一项艰苦复杂、充满挑战的工作，要真正实现创业目标，就要有丰富的知识和过硬的本领，必须具备相应的专业知识和各方面的优质能力。掌握的知识和技能越多、越深，创业活动就越能有效地开展。纵观近年来那些获得成功的创业者，无一不具备深厚扎实的专业知识和强劲的技能。知识是一个人成就大业的基础，技能是我们走向辉煌的前提，特别是处在知识经济时代，"T"型知识结构越来越重要，只有具备了深厚的专业知识与广博的非专业知识，我们才会统筹规划、科学合理安排工作，才会在创业过程中自如地指导自己和他人去开展工作。创业能力是大学生创业素质的一个重要表现，是一种综合能力，与创业的成败息息相关。致力于培养和提高大学生开拓创新能力、组织管理能力、人际协调能力、竞争能力、自我决策能力、适应环境能力、市场调查能力、风险控制能力、处理危机能力、协调组织能力、经营管理能力等，有助于大学生在创业过程中正确分析形势，认清事物的发展趋势，科学规划、高效运用、把握全局。因此，要引导大学生在掌握创业知识的同时，灵活培养自身的创业技能，做到既有渊博的知识，又有深厚的创业技能，这样才会增加创业胜算的筹码。

一个人即使再聪明、知识再渊博，如果不经过实践磨炼，也是无法真正掌握创业真谛的。"亲身下河知深浅，亲口尝梨知酸甜。"现在大学生最缺乏的就是实践锻炼。大学生们很少走出校园，因此对创业的艰苦性缺乏足够的认识，加之平时的校园生活比较平静，缺少逆境和复杂情况的体验，由此造成许多大学生依赖性强、意志薄弱，经不起挫折、缺乏吃苦耐劳的创业精神。

要解决此类问题，大学生们需深入社会，多参与社会实践活动，在遇到各种无法预料的新情况、新问题时，可以看到或体验到创业的艰辛，并能因此提高自己的心理承受力，锻炼自己的创业心理品质。社会实践是大学生增强创业意识，经风雨、见世面、炼品质、长才干的重要途径。通过参加社会实践活动，有利于缩短将来步入社会、面对社会的适应期，可以促使书本知识与实践有机结合，有效培养自身的组织管理能力、社交能力、创造能力等多方面的才能。总之，社会实践是提升个人能力的一大法宝，大学生创业意识的产生、创业能力的提高及创业心理品质的锻造都是在社会实践中形成的，创业教育的着眼点及落脚点便是社会实践。因此，在进行大学生创业教育时，要多注重社会实践，在此基础上使他们掌握较强的工作能力和实操能力，具有较强的社会适应性和多方面的应变能力，

奠定他们成为未来社会人才及创新者的基础。

呼吁和提倡大学毕业生进行创业，是大学毕业生的主观需要，也是我国社会及时代发展的客观需要。如今，创业已成为浩渺商海中的一道独特风景，众多有活力、有抱负、高素质的大学生意欲在这股创业热潮中一显身手。在这股时代浪潮中，我们每一位大学生都要坚持创业梦想，激发创业激情，掌握创业技能，勇于踏足社会实践，自觉担当起报效祖国、共建共享生活品质之城的历史责任，为实现自己的人生价值、祖国的兴旺发达作出贡献。

论学生党支部如何在就业及
创业工作中发挥积极作用

大学生就业关系到学生和家长的切身利益，关系到学校的生存和发展，关系到社会的和谐及稳定。在当前国际金融危机蔓延、我国就业形势十分严峻的情况下，必须把高校毕业生就业摆在就业问题的首位，围绕如何做好高校毕业生就业工作，全国各地政府部门和各高校纷纷出政策、想办法，以促进大学生就业及创业。学生党支部作为青年学生群体中的先进基层组织，理所应当要在大学生就业、创业过程中发挥先锋主导作用，切实为青年学生解决实际问题。

对此，郴州职业技术学院工业自动化系党总支通过采取各种积极有效的措施，探索大学生就业创业的新思路，充分发挥了基层党组织和学生党员的先锋模范作用，在大学生就业创业工作中创造性地开展了一系列工作，并取得了良好成效。

一、在学生党支部中，建立学生就业、创业党小组

党小组由学生党员及各班入党积极分子担任的就业创业委员组成，其工作职责包括：积极协助系部和学院招生就业处开展工作，负责学生就业创业信息的收集、整理、发布，负责建立"一窗、一屏、一网、一平台"，并且利用这些宣传平台组织开展就业创业论坛，及时宣传报道党和国家的就业创业政策，宣传一些就业求职技巧、创业方法（主要分

析一些就业创业典型的成功之道，特别是历年来学校毕业生就业创业的先进典型事迹），负责就业创业讲座、学生就业创业规划设计大赛、勤工俭学活动的开展等。党小组的设立，使学生党支部成了一支真正能为学生就业创业提供帮助的团队，也成了学生群体们的良师益友。特别是要求每个班的就业创业委员利用晚自习前十五分钟，创建"就业创业一刻钟"活动，以讲故事、演讲、放宣传片等形式，鼓励班上每一同学参与，每天由一到两个同学将收集整理的创业就业相关图文资料向全班进行宣传发布。这样的活动，既加强了对学生就业创业观念、技巧的培养，又锻炼了学生的各项能力，为学生毕业后的就业创业打下了良好基础。

二、充分发挥学生党支部的核心凝聚作用，要求学生党员带头树立正确的就业创业观念，带头掀起"炼炉"的热潮

学生党支部加强对学生进行就业创业主题教育活动，大力开展世情、国情和社情教育，大力开展就业政策宣传，引导学生正确看待就业形势，调整就业预期，唱响到基层、到西部、到祖国最需要的地方去建功立业的主旋律，鼓励学生多层次就业，帮助学生树立正确的就业观、创业观，增强学生就业创业的信心。

针对很多大学生在校没有认真学习、技能不强，并且在就业创业过程中屡屡受挫，被迫"回炉"上技校的现象，系党总支号召全系学生从进校开始，就开展"素质是标兵、行为是模范、学习是尖子、技术是能手"的"大学生素质技能拓展活动"，要求学生党员带头掀起"炼炉"热潮，"与其毕业后被迫回炉，不如在校时主动炼炉""要干好瓷器活，必须得有金刚钻"成了全系学生的口号。学生党支部与学生团总支一道，由学生党员带头开展各种形式的技能培养兴趣小组，根据专业实际情况，成立了"家用电器维修""通信设备维修""电工技能操作""数控操作""楼宇电器安装与维护""车工、钳工、焊工"等实用技能培训兴趣小组，还组建了"演讲""营销"等各类协会。学生根据自己的兴趣爱好，可跨专业参加1~2个兴趣小组，同时，为保证各兴趣小组有效地开展活动，系党总支及行政高度重视，要求各专业教研室选派教学经验丰富、专业技术过硬、责任心强的专业教师做兴趣小组的辅导教师，并且兴趣小组的活动以项目或任务的形式开展，系实训室课余时间对兴趣小组开放，保证各兴趣小组每周至少两次集中活动。

此外，系党总支还在全系教师党员中开展了"四联四评"活动，即联系一个班级、

联系一个寝室、联系一个社团（兴趣小组）、联系一名学生，评选素质培养、技能学习的"先进班级、优秀社团、文明寝室、个人标兵"，使各种素质技能培养真正起到实效，为学生的成长成才一路保驾护航。

三、建立学生党员联动勤工助学示范岗，建立就业创业见习基地

作为社会实践活动的重要内容之一，勤工助学能帮助大学生进一步了解国情，了解改革开放取得的伟大成就，增强社会责任感，加深对党的大政方针的理解，更加自觉地跟着党走中国特色社会主义道路。同时，大学生通过参与勤工助学，能够有效地培养自身的劳动观念和职业道德，树立正确的就业观念，锻炼自身的品格毅力，进一步实现自立自强，积累就业创业的技巧与经验，提高个人综合素质，实现德智体美劳的全面发展。

为了帮助学生在校期间就能实现与企业的零距离接触，掌握基本的就业创业技能，系党总支和行政要求以学生党支部为龙头，以学生党员为骨干，在校内外广泛开展和拓建勤工助学活动，建立就业创业见习基地，实现学生与勤工助学用人单位互利双赢的运作模式。

一方面，积极挖掘校内的勤工助学岗位。主动与学院的有关职能部门联系，在校园内部为学生提供更多的勤工助学岗位，选派学生党员联动学生承担后勤服务、校园秩序维护、公益劳动、校内实验室清洁、校办产业维护等力所能及的工作，并建立勤工助学学生党员联动示范岗，学生党支部负责督促检查，确保每一个勤工助学岗位真正能比原来未实行勤工助学有更明显的效果，使每一个勤工助学岗位受到学院各部门的好评。

另一方面，系党总支和行政主动与校外企业联系，拓展校外勤工助学资源，与本地企业建立学生工学交替和校企合作联谊模式，与本地的大型超市、外资合资企业，甚至是个体企业建立互利双赢的合作模式，企业在星期五、星期六、星期日和法定节假日等用工紧张时期，组织学生党员和入党积极分子到企业进行服务，建立长期且稳固的勤工助学岗位；如果企业任务在某个时期较紧张，需赶进度，则采取工学交替的形式，以班为单位组织学生到企业进行生产帮助，实现学生在校学习期间与企业的零距离接触，使学生提前了解企业生产情况和企业文化，对学生提前树立正确的就业观念提供了很大的帮助。

为确保学生学习任务的正常完成，班级学生可进行轮换。为避免学生对单一的生产岗

位失去兴趣，学生工学交替的时间不能太长。学生党支部要加强对党员的教育，完善大学生勤工助学工作的管理，建立党员岗位承诺制，建立党员带动、学生联动的机制，要求学生党员切实起到模范作用，在每一个岗位上发挥示范作用，争取让每次活动和每一个岗位都赢得用工单位和个人的好评，深受用工单位和个人的喜爱，为建立长久的勤工助学和工学交替，创建互信、互助的良好平台。

切实解决大学生就业难题是一个系统工程，需要用人单位、大学生、高校及社会多方的努力，只要我们各级各部门能树立信心，齐心协力，以科学发展观为指导，创造性地面对挑战，就一定能凝心聚力克时艰，化危为机谋发展，开创出大学生就业创业工作的新局面。

加强和改进高校教师
思想政治工作及创新研究

百年大计，教育为本；教育大计，教师为本。高校教师是国家教育方针的执行者，是知识的传播者，是大学生思想政治教育的重要力量。教师的思想政治素质、品质、知识、能力、情感、行为等，都对学生起着潜移默化的教育作用。教师的思想政治觉悟、道德水平，将关系到亿万青年乃至整个民族的思想道德素质和政治觉悟。"师德兴则教育兴，教育兴则民族兴。"因此，高校教师队伍的思想政治教育，是保证高等教育质量和体现高等教育精神的一项带有根本性和长期性的重要任务，是贯彻"三个代表"和"依法治国"重要思想、落实科学发展观的有力实践，是做好大学生思想政治教育工作的有力保障，也是深化高等教育改革和发展的关键所在。提高高校教师的思想政治素质势在必行。

随着我国社会经济的快速发展，各种社会思潮对教育事业和教师造成了冲击，加之对教师思想政治教育工作的重视不足，部分教育系统和教师队伍中出现了一些不和谐的现象，这使得教育系统和教师的社会评价有降低的倾向，教师队伍中存在的不良现象已引起国家和社会的高度重视。针对如何加强新时期的师德教育，如何建立思想政治教育长效机制的问题，必须采取一些行之有效的措施。

通过对教师思想政治教育工作的一些探索，现总结出部分思想政治教育工作模式，即

"三结合""三完善""三层次""三原则""三要求"。

一、三结合

1. 将教师思想政治教育的最低要求和最高理想教育相结合

教师职业是以人为劳动对象的特殊职业，教师的工作直接影响了国家公民的素质，影响了民族的未来和中国特色社会主义的建设。教师的职业要求和道德规范具有重要的现实意义，是衡量一个教师是否合格的标准，也是最低要求，是每一位教师都必须要深刻领悟的内容。成为一名优秀的高校教师，确实需要付出艰辛和努力，同时要具备矢志不渝、甘为人梯的精神，要不畏艰辛，能耐寂寞，自觉抵御金钱、地位、权利等种种诱惑。作为教师，我们还必须树立正确的职业理想，要有强烈的职业光荣感、历史使命感和社会责任感。志存高远、爱岗敬业，忠于职守、乐于奉献，自觉履行教书育人的神圣职责，以培育优秀人才、发展先进文化和推动社会进步为己任，以高尚的情操引导学生全面健康地发展，从国家、民族的高度去热爱教育事业，这才是教师应有的追求。

2. 将解决思想政治问题与解决教师困难相结合

加强思想政治教育要与解决教师的实际困难紧密结合，要关心教师的身心健康，关心他们的生活，积极解决他们工作和生活中的问题。制定科学合理的评价、分配机制。在教师的评价体系和分配机制中，要充分考虑教师多方面的要求，并将师德方面的内容融入其中，使绝大多数教师在学校发展中找到自己的位置，使他们心情愉快地投入教育教学中，并构建起轻松和谐的工作学习环境，从而增加学校的凝聚力。

3. 将研究教育教学规律与专业学术研究相结合

当前，高等学校普遍存在注重科学研究，忽视思想政治教育、心理学理论学习的情况。教育有自身的发展规律，特别是随着科技进步以及信息技术在社会和学校中的广泛运用、教育和心理学理论的快速发展，树立正确的教育观、知识观、人才观、师生观，已成为深化教育教学改革、提高教育教学质量的内在要求。要鼓励广大教师不但要成为学者，更要成为教育专家。高尚的职业道德能使学生"亲其师"，广博、精深的知识修养能使学生"信其道"。

二、三完善

1. 探索完善的宣传培养机制

良好的校园环境是培养高品质教师的沃土，要把加强教师思想政治教育的宣传工作贯穿到学校的各项工作之中，做到"常宣不懈"。通过新闻媒体、橱窗等渠道，加大对德艺双馨教师的宣传力度，以标兵彰师德，以先进促后进，使教师在各种活动中得到良好的熏陶及教育，形成"人人重师德，个个讲师德"的良好氛围。同时，通过制订明确的培养计划和方案，把思想政治教育工作纳入师资队伍建设的计划之中，对全体教师进行以"加强教师的职业道德、职业精神、思想观念、道德品质"为核心内容的教育，不定期地举办教师职业道德理论培训班。同时要把师德建设与教师的继续教育有机地结合起来，以提高教师教书育人的能力和水平。

2. 建立完善的考评监督机制

要通过成立思想政治教育工作督导小组和建立"师德监督网站"，在加强对教师教学工作的考核、开展教师教学质量评估工作的同时，对广大教师的师德表现，定期或不定期地开展评估活动，同时将师德评价结果与教师教学质量评估的结果共同作为教师职务评聘等方面的重要依据，实行教师择优上岗制度。鼓励学生对教师思想品德进行评价，教师之间互相评价，督促教师更新思想观念，完善道德修养。把师德表现作为教师年度考核、职务聘任、派出进修、评优奖励的重要依据。要有效地规范和构建师德考核评价体系，要实行教师自我监督以及学生监督和督导组监督相结合的监督机制，力求对教师师德加以示范和警戒，营造师德建设的良好氛围，不断鼓励教师自我加压、严格自律，以达到"慎独"的崇高境界。只有将自律与他律有机地结合起来，师德建设才能落到实处，才能为学校培养出有理想、有道德、有文化、有纪律的全面发展型合格人才。

3. 建立相应完善的激励机制

要在综合考评的基础上，对师德建设中成绩突出的先进个人进行宣传、表彰、奖励，并给予较高的政治待遇和经济奖励。此外，还应当组织开展"师德建设大讨论"，评选"师德楷模"，充分发挥师德典型的榜样和示范作用。同时，通过开展师德、师风征文比赛和演讲比赛等活动，引导教职工研究、思考师德师风建设，以此来提高自身道德素养和

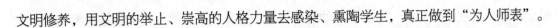

文明修养，用文明的举止、崇高的人格力量去感染、熏陶学生，真正做到"为人师表"。

各部门把师德师风建设纳入目标管理体系中，学校定期组织对师德师风建设情况进行检查，并建立师德师风一票否决制、民主评议制度和评价奖惩制度，形成健全有效的激励机制。

三、三层次

1. 社会

各级政府要把教育当成头等大事来抓，发展要发展教育，建设先建设学校，要在高校教师群体中创设良好的外围环境，使教师"心无杂念"，思想才会纯洁。要开展经常性的活动，营造团结和谐的氛围，给教师提供学习交流和展示表现的机会及平台，丰富教师的精神文化生活，使广大教师在不知不觉中，心灵得以感染、情操得以陶冶、智慧得以启迪、思想得以净化。

2. 学校

高校是教师思想政治教育的重要载体，也是高校教师思想政治教育的主阵地。各高校应适应时代要求，紧扣时代主题，加强思想政治教育制度化、规范化、系统化、信息化、现代化建设，加强思想政治教育队伍和场所建设，建立一支高水平的专兼职相结合的思想政治教育队伍，建立完善和丰富的精神文化活动场所和载体，创建和优化思想政治教育环境，营造一个良好的教育氛围，引导高校教师健康向上发展。

3. 家庭

家庭环境对人的思想有一种特殊的感染力和影响力。良好的家庭环境有利于家庭成员的个性发展，对家庭成员的世界观、人生观、价值观的形成和确立起着良好的促进作用。高校教师的思想政治教育工作，应当要构建学校与家庭思想政治教育互动机制，让学校思想政治教育直接深入到家庭之中，用亲情配合学校做好教师的思想政治教育工作，这样才能更好地提升思想政治教育效果，共同营造积极向上的良好环境。

同时，要立足于思想政治教育工作的实际情况，高起点、全方位地构建起政府、高

敬教育才

校、家庭以及社会高度统一、协调互动的思想政治教育体系，建立健全领导体制和工作机制，切实提高思想政治教育的实效性、匹配性。总之，只有动员学校、家庭、社会这三大主体相互配合并运用他们的合力，我们才能有效构建高校思想政治教育和谐机制，切实提高高校思想政治教育的实效性。

四、三原则

1. 平等性原则

政治思想教育工作是凝集人心、调动人的积极性、激发人的创造性的一项工作。教师队伍的思想文化素质较高，加上社会上思想观念日趋多元化，他们普遍拥有较强的自我意识且思维方式活跃，旧的思维方式与传统的政治思想教育工作方法对干部职工的作用有所减弱，这就要求当下的政治思想教育工作改变过去居高临下的强制灌输、说教的方式，要以人为本，进行换位思考、平等交流；切实把服务老师、关心教师当作政治思想教育工作的出发点和落脚点，做到既教育人、鞭策人、鼓舞人，又尊重人、理解人、关心人，这样的政治思想教育才会取得新突破、新成效。

2. 交友性原则

思想政治工作者应当尊重、理解、关心、爱护每一位教师，与每一位教师成为朋友，将真情关心教师与真心爱护教师结合起来，把教师的切身利益实现好、维护好、发展好，让教师从内心深处体会到组织的关怀和温暖，以此来不断激发教师建功立业的动力。

在教师运用理性合法的手段表达自己的利益诉求时，要予以一定的支持和理解，但要坚决反对个人至上、利益至上的错误思想。总之，要让教师真切体会到学院领导和思政人员是可信赖的朋友，这样才会使每一位教师倍感亲切、没有顾虑，才能更好地解开思想症结和心理困惑。

3. 经常性原则

思想政治教育工作"贵在经常，重在经常，难在经常"。"经常性"表明思想政治教育工作是一个长期且反复的过程；"经常性"表明德育是一项立体的、多角度的、多层面的、复杂的社会实践。要把思想工作渗透到日常生活中的方方面面，贯穿到各项工作的全

过程，要使思想政治教育在工作中时时处处发挥作用，可以因人而异，启发诱导，晓之以理，动之以情，坚之以信，持之以恒，导之以行，充分尊重受教育者的主体性，才能做到入脑入心，外化于行。同时，建立和健全使思想政治教育得以顺利进行的法律、法规和制度，这是保证思想政治教育实效性和长效性的不可或缺的条件。任何企图通过简单的几个文件和规定来使师德状况迅速改善的想法和做法都是不切实际的。

五、三要求

1. 趣味性

教师的思想政治教育，不仅要运用教育手段、行政手段、组织手段、纪律手段、法律手段和宣传手段，以达到教育的综合效果，防止简单说教或以罚代教；还要运用校园广播、宣传栏、黑板报、党校、团校、网络等工具和平台，扩展教育的空间，拓宽教育的渠道；更要通过党团课、团会、社团活动、座谈交流、文艺表演、社会实践、户外拓展训练等形式，赋予经常性思想教育以鲜活的内容，寓教于乐，以达到教育的最佳效果，形成抓思想教育工作的整体合力。

2. 引导性

政治思想教育是聚集于化解矛盾、协调关系、理顺情绪、提升素质、振奋精神、凝聚合力的工作。要开展有效的政治思想教育工作，就得在工作上进行上下思想交流，统一思想认识，明确工作目标，加强人员之间的联动，同时多进行积极正面的引导，及时疏导调节气氛、缓解人际关系和心理压力，这样才能较好地解决思想问题、信念问题、信任问题、信心问题等。

3. 独特性

思想政治教育要取得实际效果，最重要的一点就是要根据不同人的特点和不同的思想问题，因材施教。高校教师的思想觉悟、政治素质、文化水平、生活经历、接受能力、生活习惯、性格特点都存在差异，因此在对他们进行思想政治教育时，应该有不同的内容、不同的要求、不同的方式，要因人施教，具体情况具体分析，这样才能真正摸准问题，把握住思想政治教育的脉搏，思想政治教育才会取得实效。

高校教师思想教育工作是"得人心、暖人心、聚人心、稳人心"的工作，它在构建社会主义和谐社会的进程中具备重要的作用和独特的功能。充分发挥高校思想政治教育在构建和谐社会进程中的价值与功能，是中国特色社会主义建设的需要，是社会主义先进文化建设的重要组成部分，也是高校自身树立正确的办学方向以及办出特色、办出水平的需要，是高校大学文化建设的核心和基石。各级领导、各级部门以及所有从事思想政治教育工作的同志们必须齐抓共管，采取精心细致且卓有成效的对策及措施，努力开拓高校思想政治教育的新局面、新篇章，为祖国的兴旺、民族的振兴做出更大的贡献。

创建文明和谐学生管理
新局面的几个着力点

文明与和谐是我国传统文化中极具代表性的观念，是事物存在的最佳状态，也是一切美好事物的共性，是社会进步和发展的标志。实现文明与和谐，是古往今来人们孜孜以求的美好愿望。

学校是一个神圣的地方，是孕育人才的摇篮，是美化心灵的净土，是文明和谐的重要发祥地。一个文明和谐的校园，培育出来的人才也会是文明和谐的继承者、传播者和创造者。因此，创建一个文明和谐的校园是学校师生义不容辞的责任和共同努力的目标。学生管理工作是直接与学生建立沟通、联系和对学生进行引导、教育的一个重要渠道，文明和谐的校园需要一个文明和谐的学生管理新局面。关于如何创建一个文明和谐的学生管理新局面，我们必须找准以下几个着力点。

一、以生为本，建立文明和谐的师生关系

学生不仅有对知识与能力的需要，还有对情感与理解的需要。这就要求老师必须摒弃那些过时的思想和做法，改变过去师生之间那种片面、失衡的约束关系、服从关系和命令关系，重新建立一种新型的集关爱、互动、温馨、和谐、信任于一体的朋友关系。

尊重每个学生的人格尊严，尊重每个学生的个性发展，尊重每个学生的身心健康，构

建"以生为本"的个性化教育管理模式。以生为本，就是把学生的利益作为一切工作的出发点和落脚点，一切为了学生，一切依靠学生。用个性化的教育管理模式来调动学生的积极性、主动性和创造型，优化学生管理，创建一种文明和谐的师生关系，只有师生关系融洽了、师生之间的理解深刻了、师生之间的信任增强了，师生之间才会相互尊重、相互支持、相互促进，才有可能创建出文明和谐的学生管理新局面。

要做到以生为本，创建良好的师生关系，可从以下几点入手。

1. 充分尊重、信任学生

当今的学生更多的是期望得到教师的理解、信任和尊重，而我们教师确实应当把学生作为平等的主体加以尊重，保护和发展学生的自尊心，促进学生心理健康发展。这样才能真正在学生心目中树立起教师的威信，促进师生关系的发展，促进教育的成功。

2. 全面了解、关爱学生

只有全面了解、研究每一个学生的特点，才能有针对性地塑造每一个学生，使每一个学生在学习和生活中得以扬长避短，不断完善自我。

3. 尽心尽职，服务学生

教师应心系学生，致力于为学生解决生活、学习等方面的困难，要为学生尽可能地创造良好的学习、生活环境，全心全意服务学生，更要有诲人不倦、无私奉献的高尚精神，努力提高自身职业道德，尽心尽力做好本职工作。

4. 坚持依法教育学生，加大以情感激人的管理

以生为本不是任由学生随心所欲，尊重学生不是放纵学生。以生为本是在教育目标下的尊重，在尊重基础上的教育。要严格教育学生遵守法律法规和校纪校规，真正做到严与爱相结合，实现师生之间的平等对话、真情互动，促进教育者与受教育者之间人际关系的和谐。

以生为本的管理在很大程度上来说就是一种以情感激励人的管理模式。这就要求我们在管理过程中尊重学生的情感需要，用真诚、尊重去激励学生，要根据每个学生个性、素

质、能力的差异，用其所长，尽其所能，这样才有利于激发他们的学习热情，有利于他们的个性发展，有利于培养出创造性人才。

二、加强师德建设，培养高素质的教师队伍

教师队伍的素质是人文素质体系的质量保证。教师是知识的重要传播者和创造者，连接着文明进步的历史、现实和未来，更应与时俱进，不断以新的知识充实自己，成为热爱学习、学会学习和终生学习的楷模。调查显示，如今学生群体对教师的素质提高仍抱有很高的期望，培养高素质教师队伍是加强素质教育的当务之急。教师职业是道德含量极高的一项特殊职业，需要输出特殊的精神产物；教师的劳动目的，不仅是传授知识技能，更重要的是教会学生做人；教师的劳动手段不是手中的教鞭、教材，而是依靠自己高尚的人格和品格去育人。

在提高教师队伍整体素质的研究过程中，师德的提高应当处于突出地位。具体来说，就是要引导广大教师自觉履行教师的职责和义务，树立正确的教育观、人生观和质量观，自觉地在政治思想上、道德品质上、学识风气上为人师表，率先垂范；要不断完善教师的职业道德和行为规范，对师德方面的不良现象，要及时进行批评、教育，努力建设一支健康的教师队伍。

总之，加强师德建设，培养高素质的教师队伍，是创建文明和谐的学生管理新局面的重要保证，是推动先进文化健康发展的强大动力。

三、重视学生的养成教育，加强学生的日常管理

学生是学校的主体，要创建文明和谐的学生管理新局面，就必须要有高素质的学生。学生具备了良好的素质，文明和谐的局面才会有坚实的基础，因此重视学生的素质教育尤为重要。学生的各项素质以及技能基本都是由习惯转化而来的，而习惯基本都是通过反复的实践养成的。因此，要大力加强校园文化建设，在全校形成一种健康向上、文明和谐的校园气氛，创建一种养成良好习惯的环境，引导学生学会体贴、学会尊重、学会宽容、学会诚实、学会责任、学会礼貌……

试想一下，校园内随处呈现着青春与活力，呈现着文明与和谐，那将是多么美丽的情

景，学生在这文明和谐的校园里学习和生活，自然会耳濡目染，形成一种良好的习惯，进而心灵得到净化，情操得到陶冶，人格得到升华。

要养成良好的习惯，拥有文明的言行，要靠全体师生共同努力，特别是要加强学生的日常管理，在各个方面重视学生的养成教育：一是要加强学生的心理养成教育，培养学生健康的心理品质，帮助其树立高尚的道德品质。二是要重视学生行为规范的养成，强化日常管理。要大力宣传学生行为规范，落实校纪校规及《日常行为规范》的要求，使学生明白应该怎样做。学生管理部门要及时了解掌握学生的学习、生活状况；通过不定期举办学生代表座谈会、学生工作接待日等方式，及时了解掌握学生思想动态，并有针对性地进行重点释疑，做到深入浅出，联系实际，解决学生深层次的思想问题；及时将学生反映的问题与相关部门进行沟通并尽快协商解决，创建快速反应通道；通过开展各项主题教育活动，提高学生理论素养，如开展"'三个代表'在校园""知荣明耻，树当代大学生新形象""校园文明工程""文明班级、文明寝室、文明社团、文明学生标兵"评比等主题教育活动，使学生学有体会、学有成效。

四、开展丰富多彩的第二课堂活动

要创建文明和谐的学生管理新局面，除了要不断丰富和深化"第一课堂"的教学，继续深入持久地推行以能力培养为目标的"六位一体"教育教学改革外，还必须深入开展"第二课堂"活动。

一是丰富多彩的"第二课堂"活动有助于培养大学生良好的兴趣爱好，能使大学生的课余生活更加充实、健康，富有乐趣。二是组织课外活动能强化大学生兴趣爱好的广度和深度。三是积极参加感兴趣的课外活动有助于培养大学生的团队精神和竞争意识。四是健康向上、丰富多彩的课外活动能丰富学生的精神文化世界和课余文化生活，不仅为学生提供了一个展示自我的舞台，还能够帮助学生加强与社会的联系。学生通过参与课外活动，不仅能在组织策划中得到锻炼，开阔视野，还能培养自身的创造力和探索精神，提高自身综合素质，促进个体的良性社会化。

大学生课外活动是大学教育的重要组成部分，也是创建文明和谐校园的关键点，更是教育工作者必须牢牢抓住的一个环节。课外活动的质量将直接影响到人才培养的质量，要搞好"第二课堂"工作，则必须在以下几个方面提供保障：一是各级领导要高度重视，动员每一位教师积极参加这一重要工作，并把组织"第二课堂"活动列入常规性工作，同时在时间、资金投入、场地、设备器材等方面给予充分的保障，从而使"第二课堂"活动得以顺利开展。二是建立一支相对稳定的辅导教师队伍，学院要注意选拔思想好、责任心强、学识广博且有一技之长的教师担任辅导教师，还可聘请一些有能力的退休教师或选择从社会上聘请校外辅导教师，并加强督促考核。三是在各年级学生中培养活动骨干分子，起到传、帮、带的作用。四是要以丰富多彩的内容、生动活泼的形式吸引更多的学生来参与各种活动。

搭平台、出实招、赋正能，
打造创新型、奋进型教师队伍

深化职业教育改革和学校内涵建设，推进教师、教材、教法"三教"改革已成为当前职业院校提升办学质量和人才培养质量的重要切入点。在"三教"改革中，教师是根本，教材是基础，教法是途径。高职院校在进行"三教"改革时，最重要的就是要加强在教师队伍上的改革。教师是教学改革过程中的实施和实践主体，是职教改革的中坚力量，是教学改革的推动者和领跑者。只有教师充分认识到了自己在改革中的重要性、主导性，才能充分发挥自身的主动性和积极性，才会主动投入到改革的潮流中去，我们的"三教"改革才会取得显著成效。

郴州职业技术学院紧跟职教改革的步伐，深刻领悟国家职教改革的精神和要求，认真全面地剖析自身在职业教育方面存在的问题，以"抓铁有痕、踏石留印"的决心和勇气，以实实在在的举措加强"三教"改革，特别是采用"搭平台、出实招、赋正能"方式深化教师方面的改革，取得了较好的成效，为学校的兴旺发展注入了生机与活力。

一、在"四个落实"上赋予教师正能量

1. 思想政治教育落实在"实"上，提振教师精气神

郴州职业技术学院注重思想引领，重视德才兼备、以德为先，以解决教师实实在在的

问题作为思想政治教育的着力点。在第二批"不忘初心、牢记使命"主题教育中将"实"字贯穿始终，紧盯问题并拿出实际举措，有效解决了一大批师生关注的问题。针对教师职称评选的"老大难"问题，学校进行了重新申请岗位的设置，解决了因职数受限导致副高职称10年未开评的问题。同时，学校争取到上级政策支持，完成了内设机构设置备案和干部交流调整工作，改变了9年来干部未正常流动和"青黄不接"的状况。在搞好全国上下开展的"不忘初心、牢记使命"主题教育的同时，结合学校的实际情况，在全校范围内开展了以"历史使命感、工作责任感、集体荣誉感"为主题的"三感"教育，以"争创郴州市平安校园、综治先进单位、文明高校"为目标，全校上下齐心协力、奋发有为、认真履职，近几年都被评为先进单位，同时根据上级精神，获评先进单位的每个职工都增加1~2个月工资作为绩效奖励。通过这些实在的举措来加强思想政治教育，获得了广大教师的认可和支持，大大增加了全校教师的精气神，切实增强了师生的获得感、幸福感、安全感。

2. 作风建设落实在"严"上，强化教师榜样意识

学校在注重思想教育引导的同时，要以更严格的举措加强教师"身正为范"的榜样示范作用，在作风建设上"高标准、严要求，出实招、下猛药"。在作风建设方面，一是采取了警示曝光的办法。针对教师工作中教学组织不力、工作执行不到位等情况，在学校警示栏中贴出照片进行警示；学生宿舍卫生脏乱差时，取照并与辅导员照片一起粘贴在警示栏中。这一举措，虽然增加了教师的压力，但收效很明显。教师会以更加务实的作风严格要求自己，认真搞好本职工作，同时在学生群体中也起到了很好的警示作用，学生会切实感受到"自己要做好，不能上榜，不能给老师抹黑"。这一做法受到了第二批"不忘初心、牢记使命"主题教育巡视组的赞叹，他们表示，通过设置警示栏，学校真正触及了作风核心问题，在此基础上，其他工作也取得了扎实成效。二是学校采取了"三联系"工作机制，学校通过启动校级领导联系院系、中层以上干部联系班级、党员联系学生宿舍的"三联系"工作机制，要求学校领导班子成员尤其是党委书记、校长，主动进课堂、进班级、进宿舍，深入一线联系学生，牢牢把握学习教育、调查研究、检视问题、整改落实这个四个环节，抓细、抓实、抓深，真正达到"理论学习有收获，思想政治受洗礼，干事创业敢担当，为民服务解难题，清正廉洁做表率"的目标。

3. 教学活动落实在"优"上，提高教师业务水平

学校发展的核心是教育教学质量的提升，而教育教学质量提升的关键是教师。为了提高教师的教育教学能力，学校教学活动开展落实在"优"上，采取了以下途径来提高教师的业务水平和教学能力。

一是提高教师管理队伍的领导素质，即学校定期安排校内外领导或专家开展"学校干部素质提升班"培训，提高领导水平和艺术。二是加强教学和专业及课程改革的研究，制定相关的教学标准。三是开展教学能力"大练兵、大比武"活动，人人讲公开课、教研室内讲优质课、全校讲观摩课。四是开展教学效果抽查，即在全省进行技能抽查前按照省级标准和要求进行校级抽查，用于检验实际效果，作为教师教学水平的重要评价指标。五是坚持反思教学，对教学中存在的问题进行自我反思、院系反思、教学管理部门反思，充分发挥教学反思的作用，取长补短，博采众长。

4. 技能培养落实在"改"上，提高教师实战技能

突出实践技能教学，是所有职业技术院校生存并得以发展的关键，而高职教师的实战能力水平在其中起着重要作用。为了提高学校教师的实战能力水平，学校深化实践教学方面的改革，采取了以下举措。

一是出台了《关于教师"双师型"素质提升的实施办法》《"双师型"教师认定办法》《培养选拔院级专业带头人办法》《技能大师评选办法》等，鼓励教师多下企业进行挂职锻炼，多参与社会活动，参与企业的生产经营和科技研发，争取在实践中不断提升个人的实战技能。二是开展双师素质教师校企考核认定。我校以建筑工程学院为试点，校企双方共同开展"双师型"教师认定考核工作，被认定为"双师型"的教师，在待遇上享受一定的倾斜。三是加强校企合作，鼓励教师与合作企业的专家构建"现代学徒制"，共育教师成长成才。四是成立校企合作中心和产教融合研究院，加强与行业企业的沟通联系，鼓励教师多参与行业的项目评审、项目建设、技术的革新研发等。如2019年9月汽车工程系与德友名车维修中心合作共建的生产实训基地，现已正式在我校成立并投入使用。学校要求相关老师在无课程安排时当实训基地的员工，全程参与该生产实训基地的所有工作，在实践中提高自己的实战技能，争取日后真正成为本专业及相关行业中的行家里手，更好地服务自己的教育教学工作。

二、在四个方面给教师搭建成长、成熟、成才、成功的平台

1. 结对子

我校采用结对建组、创建团队的做法，给教师提供了相互学习交流、相互监督评价的机会。首先是每项工作的开展落实，都建立了"主导—督查—评价"的工作流程，明晰责、权、利分配机制，充分落实一人主导、一人监督、一人综合评价（三个环节缺一不可），并根据工作要求和时间节点提交《工作开展落实汇总表》。避免每个教师工作出现单打独斗、闭门造车、坐井观天、自以为是等问题；避免一个人干劲不足、拖拉应付导致出现执行缓慢的现象；避免因缺失相互交流商讨、相互监督促进，导致出现工作质量不高、效果不佳等情形。其次，在学生毕业设计抽查工作中，由一个教师担任5~15人的指导工作，另一个教师负责对这组的学生和指导教师的工作开展情况进行督查，再由第三个教师进行综合评价，力图及时发现问题并即刻进行整改。通过这样的方式，教师之间能够相互沟通借鉴，达到共同提高的效果。同时，对工作开展落实情况实行奖惩，如果确实工作责任到位、措施到位，只是因特殊情况出现问题，工作团队可向学校人才培养质量提升小组进行申诉，经学校人才培养质量提升小组认定确实不是工作责任心的问题，可以从轻处罚。通过这样的做法，教师的工作责任心增强了，团队意识浓厚了，工作干劲加大了，工作成效变好了。

2. 进圈子

学校采用政策和机制引导专业教师进"行业圈子""职教圈子"和"学术圈子"，使教师在"三个圈子"中磨炼并成长为本专业的专家型人才。学校出台了一系列的政策和举措，建立了校内圈子、校外圈子，积极探索校企合作、产教融合的新思想、新项目，通过广泛的校企合作、产教融合，更好地服务于经济社会发展，共创校企双赢的局面，达到提高教师专业技能水平的目的。2019年10月11日，我校俞良英团队与国网湖南省电力有限公司水电分公司联合研发的《单转向电机自动化电源控制箱》项目通过验收，为企业解决了技术难题，三湘都市报还对此作了专题报道。

3. 压担子

"刀在石上磨，人在事上练。"学校教师、特别是年轻教师，要尽快成长为能干事、

能担事、能扛事的接班人，只有多经事、多干事，不断去磨砺自己，不断给自己施加重担，才能不断成长、成熟、成才，成为不负学校、不负学生信任的好教师。为此，学校教导中青年教师要磨炼自己稚嫩的肩膀就得不断给自己压担子，同时把专业建设、课程建设、教学重任、项目科研和为行业企业提供技术咨询、培训服务等列入考核指标，鼓励教师在为学校的内涵发展和行业企业服务过程中提高自身职业能力。此外，要以"传递身边正能量"的方式来抓管理。学校有一批爱岗敬业的老教师，他们的工作态度、教学水平值得年轻教师们学习，我们要通过教师会议等多种方式号召全体员工来向这些优秀教师学习，以他们的标准要求其他教师，并鼓励其他教师以实际行动做出成绩。

4. 指路子

一是发挥引领作用，主要从专家引领、领导引领、骨干引领这三个层面展开。第一层面是专家引领，邀请省市内名师、名家来校讲学、作报告。通过聆听名师名家们先进的教学方法及教学理念，震撼老师们的心灵，提升老师们的业务素质。第二层面是领导引领，即领导应该在理念上加以引导，在校内积极开展讲座，为教师的成长提供必要的平台。第三层面是骨干引领，即充分发挥校内骨干教师的作用，学校采取给他们压担子、搭台子的办法，使他们在同伴互助过程中发挥引领示范作用。

二是"孵化式"培养，指的是通过抓培训、抓锻炼、抓管理等方式，对教师尤其是青年教师进行全方位、多角度的培养。

三是开展"青蓝工程"，学校全面深入分析青年教师和指导教师的特点，科学安排"青蓝工程"师徒结对名单。对师徒在专业建设、课程建设、教学能力提升、教学组织等方面都提出了明确具体的要求，并积极开展"六个一"活动。

四是畅通晋升渠道，学校根据实际情况，为教师的发展创造机会，在职务职称方面，以才华、能力、贡献论英雄，通过"展才华、树威信、给位子"等渠道，使教师工作有希望、有干劲、有动力、有作为。

教师强则教育兴，"三教"改革一定要重视深化教师方面的改革，致力于给教师搭建更好的锻炼及晋升平台，赋予教师更多的正能量，努力培养高品质、强能力的教师队伍，全力开创教育发展新局面。

论"三环五扣"提质在线教学的成效

疫情是门大课，也是一场大考，它指引我们全体教学人员把灾难变成教材，采取"在线教学"这一新方式，高标准、稳步地推进教学工作。

在此期间，我校教务处以"三环五扣"提质在线教学的策略，将特殊时期的紧迫要求转化为促进教学改革、提高教学质量的机遇和动力，以高度的责任心和使命感书写了"在线教学"的新篇章。

一、三个环节保障在线教学的完整性

1. 规范教师要求，充分发挥教师的主体作用

教师是教育教学目的的实现者，系统知识的传授者，教育活动的组织者和学生学习活动的引导者，教师主导作用的发挥情况是决定教学活动过程是否有成效的关键。为此，学校针对教师如何发挥作用采取了以下举措。

（1）总体要求：站位要高、格局要大、标准要严、措施要实、成效要好。

（2）引导教师充分认识网络教学中新颖性与复杂性的关系，鼓励教师在尝试中不断探索、在探索中不断完善，在完善中不断提升。

（3）要求各专业构建在线教学帮扶团队，教师之间相互沟通交流、相互学习进步。

（4）要因地制宜、统筹兼顾，科学谋划、精准施策，因材施教、循循善诱，根据当地网络情况、服务能力、学生分布等做好分析研判，共享优质资源，优化服务措施，有针对性地搞好教学工作。

2. 科学组织管理，充分调动学生的主体作用

面对疫情，学校就如何科学高效地组织管理、教育引导好学生搞好在线学习，制定了较为全面、合理的举措，具体如下。

（1）明确要求：网课，除了教给我们学识，更警醒我们要自律。对此，学院要求学生一定要端正学习态度，遵守课堂纪律，按时出勤，及时完成相关课堂练习和课后作业。

（2）思想引领：只有先把思想端正了，各项事情才能做好。对此，学院要求任课教师把疫情期间出现的先进典型、国家精神等推介给学生，以高尚品格感染学生，充分注重课程思政的建设。

（3）要求学生提前做好线上学习的准备工作，教师提前掌握学生在线学习的条件和环境，对于特定学生，则制定一人一方案因材施教策略，确保每个学生不掉队。

（4）充分发挥学生干部的模范带头作用，让他们协助任课教师、辅导员掌握班级学生的出勤、上课表现，并及时向学生传达相关通知要求。

（5）关注学生心理健康，引导学生学会调整自己的学习情感。

3. 提供优质服务，确保网络平台的平稳

网络平台是连接学生和在线教学工作的桥梁，是教学组织实施的平台，因此确保网络平台的平稳至关重要。为保证网络平台能及时为教学提供保障，学校采取了以下举措。

（1）学校教务处做好顶层设计，统筹规划教学资源整合及线上教学技术保障，加强与网络教学平台运营方的沟通，培训及提升教师掌握线上教学的基本技能，确保能在第一时间提供技术指导和优质服务。

（2）完善措施，优化在线学习机制。结合在线学习系统的运行，把管理与服务有机地结合起来，采取多种措施保证参学率，实现了网络学习全覆盖。为保证在线学习的规范

化运作，明确任务、强化措施、加强管理，以确保学习取得实效。

（3）集中与优化选择相结合。学校要求教师尽可能在超星泛雅、建筑云、智慧职教等平台完成基础的教学任务，同时鼓励教师优化选择，探索适合自己的网络方式，既要形式多样，也要分类施教，为学生线上学习创造良好的学习环境。

二、五项举措提升在线教学的实效性

1. 通过思想引领、政策支持，在线教学氛围浓厚

我们在进行在线教学时，注重把全国和身边抗疫的先进典型推介给师生，并结合当前形势，引导师生更坚定中国特色社会主义道路自信、理论自信、制度自信、文化自信，更坚定作为中国人的骄傲和自豪，从而产生强大的动力去做好教育和学习工作。同时，学校紧跟在线教学的新形势、新要求，科学合理地制定了相关的、灵活的、务实的在线教学方案和策略，鼓励教师在保证教学效果的前提下自主选择教学平台、教学方式、教学手段，合理调整教学时间、教学内容，探索多层次、多渠道、多形式的教学方式，允许因材施教与常规教学相结合。通过思想强化引领、政策灵活支持的举措，我校在线教学氛围浓厚，师生参与在线教学的积极性和主动性大大增强。

2. 通过培优扶强、党员示范，网络教学竞赛动力十足

学校教务处大力鼓励信息化教学能力强、教学经验丰富的优秀教师主动积极地发挥自身表率作用，特别是要求党员同志，必须以身作则，率先垂范。教务处机关支部向全校发出了《发挥全校教师党员先锋模范作用的倡议书》，要求全体党员教师坚守岗位，担当尽责。同时，教务处在每周的在线教学简报上进行通报，以此作为教师教学能力考核的重要依据，也作为院系二级管理的重要考量指标，这既表扬了先进典型，又是一个教学经验的交流学习平台。随即在教师队伍中掀起了网络教学竞赛的热潮，教师们积极参与网络教学的干劲十足。

3. 通过密切合作、结对帮扶，教师整体水平稳步提升

教务处和各院系要求全体教师融入在线教学团队中，团队要密切合作，取长补短，共同优化教学资源和教学内容，探讨在线教学的最好施教方式，共享在线教学的优秀资源。

同时，采取结对帮扶的形式，让每一位教师熟知在线教学方式，提高在线教学水平。

4. 通过提前研判、科学安排、优质服务，教学环节井然有序

教务处紧跟防疫形势和要求，提前研判、科学安排，每周都及时制定应对教学方案或指导意见，并在第一时间下发给各教学单位，便于他们及时调整、跟进落实。同时，教务处主动优化服务，及时处理和解决教学过程中的问题，确保教学环节井然有序地进行。

5. 通过严格监督、踊跃交流，教学成效明显

为了切实提高在线教学成效，学校制定了严格的督查方案，采取院系部普查、教务处抽查、学校督导室督察的三级监督机制，让各院系部教务办和学校教务处实时监测学习通、QQ、微信、学习强国等平台的教学数据，加强对教学资源、教学组织、师生互动、学生学习情况等关键数据的跟踪与分析，并对每周的在线教学情况以简报形式进行通报，表彰先进，指出问题，及时整改。同时在简报中开辟经验交流专栏，为教师提供交流互鉴的平台。通过三级督导，线上教学督导工作效能得以最大化，教学成效明显。

总之，要想发挥在线教学这种全新而特别的教育学习方式的效果，必定需要学校的精心组织、教师的悉心指导、学生的认真自觉、家长的配合保障。作为教学工作的实施者和见证者，我们要以共克时艰、主动作为、积极探索、奋发向上的精神，一起参与新教学模式和体系的建设完善，以更昂扬的斗志、更务实的作风、更严格的标准投入到在线教学工作中去，迎接阴霾散去后的明媚阳光，取得在线教学的圆满成功。

职业院校"校企合作、提质培优"策略

提质培优是一个民族进步的灵魂，是一个国家兴旺发达的动力。校企合作是职业教育的重要办学模式，是搞好职业教育的关键所在，由此可见，提质培优与校企合作的重要性不容忽视。

目前，各职业院校和企业都有一种居安思危、主动作为的紧迫感和责任感，在如何提质培优与拓展深化产教融合、校企合作方面做出了较多的探索性工作，也收到了一定的成效。但在进行校企合作及提质培优上如何有针对性地选择合作企业，以及校企之间产教融合、校企合作真正实现深度融合，实现合作共赢的稳固性、持久性、有效性等方面依然达不到双方的期盼。我们通过对50所中高职院校和与这些学校有1年以上合作的120家企业进行调研考察，发现了目前职业院校和企业在校企合作、产教融合方面存在的问题，并就如何深化校企合作提出了建设性策略。

一、目前职业院校在校企合作、产教融合方面的不足

1. 办学模式与政策法规脱节

国家虽然从很多层面提出要建设多元办学格局，鼓励发展股份制、混合所有制等职业教育办学模式，但没有较为明确的指导要求。有些企业也想借助职业院校平台加大校企合作的力度，开展订单培养等合作办学形式，但企业的合作前提和宗旨是必须有利可图，

要企业单方面地投入较大的人力、物力、财力还是很有局限性的。有些企业想通过向学生收取一定的企业培养费的举措来化解投入大的问题并增加收益，但这与相关政策法规相违背，这样的合作不乐观、不长远。

2. 教学能力与社会需求脱节

高职院校大部分专业教师对当前行业及产业的发展形势、技术更新、设施设备、知识需要等方面的掌握不够。从学校毕业直接走上讲台，这是绝大多数教师成长的轨迹。加之多年来一直专注于校内繁重的课堂教学工作，与外界，特别是行业、企业的生产一线没有接触，造成知识面，尤其是技能操作层面的严重不足，很难胜任新时代职业教育工作者的身份。

3. 教学内容与岗位要求脱节

尽管各校反复强调教学内容一定要与岗位需求对应，各院系邀请行业专家参与并把关人才培养方案的制定。但事实上，绝大多数专业没有深度合作的企业支撑，行业专家实际参与度非常低。校方完全凭着现有的自身能力，着实无法拿出切合实际的课程设置、教学安排。在专业人才培养方案中，各个要素的来龙去脉、论证依据以及与相应职业岗位的针对性、逻辑性和科学性，都还处于想当然阶段。

4. 教学方法与生产实践脱节

由于学校目前各专业缺乏与人才培养全过程合作的企业支撑，所以大部分专业在教学环节上，还是多数时间停留在课堂中由教师进行理论讲授，少数时间去实训室进行模拟训练，即便是安排到企业去教学实习、跟岗实习，大多数也是与专业技能培养关联度不大的用工性实习，严重缺乏让学生学以致用的真实生产环境，不能实现从理论到实践、从实践到理论的螺旋式提高。

5. 教学评价与教学效果脱节

我们目前所有课程教学最终效果的评测，缺乏企业行业等第三方的参与，学生是否真正掌握了相应的知识与技能，在很大程度上都是自卖自夸。提高人才培养质量，满足社会发展需求，需要技术含量高、发展实力强的企业主动积极参与。

6. 教学管理与绩效考核脱节

各高校各院系实施二级管理，责权利的下放，能推动教学管理与改革的进一步深化。但事业单位固有的机制、体制与管理意识导致部分教师慵懒散漫、得过且过，部分教师对安排的企业锻炼、课程改革和教学工作热情不高，大多数院系领导不敢、不愿，或者是不能充分运用二级管理赋予的权利进行绩效上的考核与促进。如能引进合适的企业与院系成立相应专业的理事会，采取现代企业的运营管理模式，加大执行力，势必能营造高效率、高质量的干事氛围，从而带动本院系甚至是其他院系管理意识和水平的转变与提高。

二、职业院校"校企合作、提质培优"策略

目前，国家出台了一系列新的深化职业教育改革方案，为职业教育改革领航定向，吹响了职业教育改革的号角。各职业院校必须紧跟时代步伐，一定要有危机感和紧迫感，力争在办学定位准确、专业特色鲜明、社会服务能力强、综合办学水平领先、与地方经济社会发展需要契合度高、行业优势突出等方面取得成效，把学校建设成为优质院校。

深化校企合作、产教融合，是提升职业院校办学品位和人才培养质量的重要手段，也是各高校"双高"建设的重要途径。选择什么样的企业合作，采取什么样的方式运行，是摆在当前各高校推进"三教"改革工作面前的关键问题。由此，提出如下几点建议。

1. 优选技术含量较高、规模与实力相对雄厚的企业，确保校企合作的延续性

校企合作是一个长期的双赢行为，技术含量不高、发展实力不强的企业在合作过程中可变性较大。因此，只有与实力较强、社会声誉较好的企业进行合作，校企合作才能保持一定的延续性和持久性。

2. 优选"订单式"和"现代学徒制"的合作模式，确保企业融入学校的人才培养全过程

"订单式"和"现代学徒制"培养作为校企合作的具体实施形式，将企业与学校真正捆绑到了一起，从学生进校起，双方必须在学生培养过程中协调配合开展工作。开展"订单式"和"现代学徒制"培养，有利于现代教育体制的改革和人才培养模式的改革，使学校的教学内容与社会需求同步；有利于调动企业办学的积极性与主动性，发挥企业人力资

源与物质资源在办学过程中的作用，实现企业资源与学校资源的有机整合，优化资源配置；有利于学生了解企业文化，熟悉企业规章制度，加强学生对企业的认同，培养学生的主人翁责任感和敬业精神，增强学生的协作意识，提高学生的组织管理与决策能力。

根据企业规模和用人需求，"订单式"和"现代学徒制"培养可采取以下几种模式。

（1）某家企业对应某个专业。一般来说这类企业的规模较大，每年对某个专业的用人量都保持在一个班以上，这是目前最为有效的"订单式"和"现代学徒制"培养模式。当然，如果企业实力雄厚，可同时与多个专业合作，单独开办"订单式"和"现代学徒制"培养班，这样会更加富有成效。

（2）多家企业对应某一个专业。这类企业自身规模小，每年的用人量不大，无法单独设立"订单式"培养班，只能与同行业的其他企业联合起来，共同办班，由学校来协调整合这些企业的关系资源。这种模式可拓展为"某某工业园机电工程师"培养班、"某某开发区软件工程师"培养班，对规模较小且发展潜力大的企业来说，可发挥他们的积极性和主动性。

（3）某家企业对应多个专业。某企业每年的用人量较大，但分属于不同的专业，且各专业人数不足一个班。如机电专业10人，财会专业3人，模具专业8人，电子商务9人，等等。这种方式最好在学生进校后开展，采取常规教学跟随所属院系的班级正常进行的方式，企业文化、企业制度管理等则利用课余时间重新集中学习，学生的实习直接到企业跟岗进行，可命名为"某某企业"培养班。这种模式也可拓展为"某某工业园订单式""现代学徒制"培养班，积极对应当地的工业园，服务地方产业经济发展。

因此，学校必须紧密对接企业的需求，探索建立"订单式"和"现代学徒制"培养，这是提高学校、各专业办学实力的重要手段，我们必须加大"订单式"和"现代学徒制"培养的力度。实践证明，开展"订单式"和"现代学徒制"培养对专业、院系发展有着重要的推动作用，能使我们的教学更紧贴时代的发展和企业的需求，不管是对招生、就业，还是对院系的教学安排、绩效管理等，都起到了很好的促进作用。

3. 精选对学生专业实习有支撑的企业，弥补学校实训设施设备的不足

新的工艺流程、新技术、新产品以及产业飞速发展，学校由于不是工业生产单位，现

有的财力不可能让每一个专业的实训设施、生产工艺紧跟行业、产业的发展需求去进行完美配置。因此，难免会出现在实习实训设备上未能紧跟技术要求，一定程度上出现设备不够或达不到要求的情况。但企业不一样，生产经营是企业的主业，更是企业的生命，企业必须紧贴市场需要，快速对接新的技术和工艺要求。学校加强与企业的合作，校企双方互相支持、互相渗透、双向介入、优势互补、资源共享，既可解决企业发展的需要，又能弥补学校教学设备、师资力量的短板，真正达到互利共赢的效果。总而言之，引企入校，共建实训基地和车间是学校与企业（社会）合作共赢的较好模式。

4. 精选对学校专业建设有帮助的企业，提升学校专业建设的水准和在省内外的地位

选择一些拥有雄厚背景和丰富办学资源的企业进行合作，建设的课题和项目质量自然也会水涨船高，有望助推我们的专业建设和竞争省级、国家级项目。学校要想彰显专业建设的特色，必须寻找在行业背景、专业生产资源、社会背景等方面具有优势的企业，进行双赢性的合作。

5. 精选对学校师资水平有提高的企业，有利于"双师型"教师专业素质的培养及提升

建设一支"双师型"素质队伍是提高教育教学质量的重要保障。目前学校的很大一部分教师不具备与行业、企业对接的基础，缺乏行业、企业的背景和实战经验，习惯于坐井观天、老调重弹，这远远落后于职业教育"三教"改革的要求。要改变现状，最有效和最快捷的方式是通过校企合作和产教融合，督促和引导教师参与企业项目实训平台建设，直接到企业生产一线进行实践技能培训和挂职锻炼，这样就可以及时了解企业最新的工艺流程、新技术、新产品以及产业发展等基本情况，熟悉不同企业相关岗位的职责、用人标准、先进管理理念等具体内容，教师的实践技能将会得到质的提升，同时还能很好地解决专业建设中最重要的师资问题。

6. 精选对院系二级管理有帮助的企业，助推教职工理念的提升与管理机制的转变

"人心齐，泰山移；精神好，事业兴。"这充分说明了干事及创业氛围的重要性。而营造良好的氛围，必须要有先进的用人理念和管理机制。企业那种"人人都是主人，个个都是股东""成就自己、辉煌团队"的主人翁责任感和使命感，以及"爱岗敬业、舍我其谁"的实干精神，"毫无怨言接受工作安排、优质快速执行到位"的工作态度，"能者上，庸者下，废者汰"的用人理念，多劳多得、按业绩贡献大小获取报酬的激励机制，协调配合、步调一致的团队意识，都是我们目前事业单位非常欠缺的。

因此，我们一定要借鉴企业的优质管理理念，引进有凝聚力、战斗力的企业来试点参与相关院系的二级管理，建立适应市场经济的绩效考核、岗位津贴分配等制度。从而形成一个良好的培养、选拔、引进和管理的机制，充分调动教师干事及创业的积极性和主动性，这对我们的事业发展将会形成巨大的动力，学校的职业教育必定会在竞争中立于不败之地。

虽然国家现在非常重视职业教育，出台了很多深化校企合作、产教整合的政策，但当前相关的具体激励措施与方案还没有得到科学完善，行业、企业参与职业教育办学的主动性与积极性还没有彰显出来。所以，要想真正找到对学校人才培养质量有推进的企业来进行合作，还得发挥职业院校的主动性和积极性，并且还必须以认真的态度、务实的举措去开创校企合作、产教融合的新局面。

精确把握职业教育教学团队
提质培优的着力点

提质培优是推动民族进步的力量源泉，是一个国家兴旺发达的不竭动力，而团队，则是凝聚共识、积聚力量，优质高效完成工作的重要前提。

打造高素质、创新型、结构化的"双师型"职业教育教师团队，是职业教育的关键，是确保职业教育高质量发展的有效保障，是深化新时代国家职业教育改革的关键力量。加强教学团队建设，不仅有利于职业学校教学团队形成共识、凝聚力量，还能推动学校教育教学、学科建设和教研方法的改革与研究，促进教学经验的交流和共享，开发建设更为丰富、实用的教学资源，更有利于提升青年教师及全体教师的业务能力和教学水平，可以促进学校各方面的和谐合作，使管理水平更上一个台阶。

面对职业教育所面临的新的发展阶段、新的发展理念、新的发展格局，高职院校如何贯彻落实好由教育部等九部门印发的《职业教育提质培优行动计划（2020-2023年）》，并建设好高素质、创新型、结构化的职业教育教学团队呢？根据对二十多所职业院校教学团队建设的跟踪调研结果，要使教学团队取得提质培优的实效，必须精确把握以下四个建设着力点。

一、优化结构

团队结构优化是做好工作的基础，是形成合力、发挥作用的关键，一个结构合理、齐心协力、共同奋斗的团队是充满生机活力、取得优秀业绩的重要前提。更为重要的是，创建优秀的教学团队，把每位教师融入团队中去，有助于教师产生归属感和荣誉感，能最大限度地调动教师工作的积极性和主动性，使每位教师在合作性的工作、创造性的劳动和不断相互学习借鉴中认可自身价值、实现自己的精神需求，并能将自身的发展进步、价值实现与学校的兴旺发展融为一体、并驾齐驱、相得益彰，使学校成为发挥教师智慧才华和大显身手的广阔舞台。因此，要提高教育教学质量，教师团队的建设至关重要。那么，如何建立和优化教学团队呢？我们成功的做法是团队建设一定要做到来源结构化、年龄结构化、专长结构化、任务分工结构化、绩效分配结构化等，使团队呈现出结构合理、知识互补、能力叠加、和谐共处的良好状态。具体体现在以下几个方面。

一是"联姻派对"。采用结对建组、创建团队的做法，给教师提供相互学习交流、相互监督评价的机会。避免每个教师出现工作单打独斗、闭门造车、坐井观天、自以为是等问题；避免一个人干劲不足、拖拉应付，造成工作执行缓慢；避免因缺失相互交流商讨、相互监督促进，导致工作质量不高、效果不佳的情形出现。

二是多方融入。教师要成为"经师""能师""人师"，必须要成为行业的专家、职教的能手、学术的楷模。每个教师都要自觉地融入行业领域、职教领域和学术领域中去历练自己、提升自己，学校要制定科学合理的政策机制，主动引进企业行业专家、技能大师作为学校的校外兼职教师，参与学校的专业建设和师资队伍的提升，同时要引导和鼓励教师进入不同领域去加强学习交流；锻炼提高自己，力争使每一个专业或专业群都建成一支"校企双元、专兼结合"的结构化教师教学创新团队，使每一位教师真正成为"有思政高度、有专业水平、有企业经验、有职业情怀、有学术品质"的"五有"教师。

三是明章严纪。制定增强团队凝聚力、增强团队合作意识、提振团队士气的相应制度，要求团队成员之间相互依存、同舟共济、互相敬重、彼此宽容和尊重个性的差异，切实做到彼此信任、待人真诚、遵守承诺，相互帮助和共同提高，共享利益和成就，共担责任。通过这样的建设和优化，团队建设才会真正具备生机活力、凝聚力和战斗力。

二、搭好平台

团队建立好后，搭建什么样的平台来促进团队合作，保证团队建设的成效就显得尤为重要了，比较好的做法是以"校企合作、产教融合、共建共享、互利双赢"的理念，理顺合作政策、优化合作模式、强抓合作质量、搭建合作平台、明确合作实招，构建全方位、立体式、系统化的"433"创新型教师团队培养体系，着力打造高素质、结构化、专业化、创新型队伍，不断提升教师团队的履职能力和水平。

"433"创新型教师团队培养体系，即串起"学习链"提素质，优化"能力链"强水平，构建"关爱链"增活力，完善"考评链"昂斗志。

1. 用好"三个课堂"，串起"学习链"提素质

一是固定课堂轮训讲学，充分发挥党校教育培训主阵地、党性锻炼主渠道作用，不断为教师"加油补钙"，提高思想政治觉悟和政策理论水平；二是网络课堂自助选学，依托共产党员网、学习强国等在线学习培训平台，组织广大教师开展网络学习，提升自己的见识和课程思政水平；三是通过实践课堂锻炼促学，采取"上派下挂"、到企业交流挂职等方式强化实战锻炼，进一步提高自身的专业技能。

2. 落实"三项计划"，优化"能力链"强水平

培养教师"职业、专业、管理"三项能力，实施能力提升工程。对新进教师开展"五年成长计划"，通过导师帮带、专业培训、一线锻炼等方式，苦练教师职业基本功，提高新进教师职业素养。学校制定专业教师"进领域"计划，出台相应激励、引导配套政策办法，使专业教师在行业领域、职教领域和学术领域这三个领域中磨炼并成长为本专业的专家型人才，争当教学名师或技能大师。

3. 强化"三种激励"，构建"关爱链"增活力

强化政治激励，让教师有奔头。突出教育教学一线、重点工作一线，把评选表彰与教师的晋级晋升挂钩，对工作表现突出的教师及团队进行表彰奖励，对工作实绩突出的教师进行提拔任用，为优秀教师及团队"点赞立传"。

强化工作支持，让教师有劲头。大力兴起干事及创业的良好氛围，支持教师多干事、

干好事，严格容错纠错规程，旗帜鲜明地为敢担当的干部撑腰鼓劲。优先推荐晋升思想政治素质好、实绩突出、群众公认度高的教师。

强化待遇保障，让教师有盼头。配套和完善奖惩制度，并严格执行，落实到位。认真执行谈心谈话等制度，定期开展心理压力疏导工作，切实解决教师的后顾之忧，激发教师及团队成员的内心认同感，真正做到留人、留才、留心，进一步激发、支持、保护教师干事创业、担当作为的热情和活力。

4. 推进"三个考准"，完善"考评链"昂斗志

考准师德师风表现，看政治素质，看是否存在大事、要事中政治站位不高等问题；考准综合素质，看现实表现，看是否存在素质短板等问题；考准工作实绩，看能力水平，看是否存在担不起重担等问题。

通过师德师风、综合素质、工作实绩等多方考核，结合学校日常开展的综合年度考核、日常考核、专项考核等，多渠道、全方位掌握教师的总体情况，优先选任师德师风过硬、业务技能精湛、教学水平高超的教师，打造"有思政高度、有专业水平、有企业经验、有职业情怀、有学术品质"的教师团队。

三、精确任务

有任务才会有目标方向、才会有压力动力。团队的凝聚力和战斗力也只有在实战中才会不断地提升。如何借助团队的建设，助推学校教育教学质量稳步提升，这里面有很大的学问。有些学校团队建立了，目标也明确了，平时也采取了很多培养的举措，但似乎仍存在效果不明显的问题，主要原因是没有给团队更多的实战任务，没有在实战中去优化和提升团队的能力。因此，给每个团队下达精确的任务，是建设好教学团队的关键环节。我校为保证教学团队建设取得成效，主要在以下几个方面进行了有益的探索，并取得了令人满意的效果。

一是落实和推进"三金"（"金种子""金资源""金课堂"）工程。"金种子"结构化教学团队培育工程，即培育"金种子"教学创新团队，以教师教学能力为载体，每个专业、每个学科都要组织团队参加，精心打磨，力争在各级教学能力比赛中取得好成绩，

引领示范全校教学团队建设。"金资源"模块化课程开发工程，即依托各行业、企业及配套的产业集群，对课程和教材进行重构和翻转，建设开放共享的在线精品课程，推进校企"双元"、新型活页式和工作手册式、"岗、课、赛、证"高度融通的一体化教材等"金资源"的开发与积累；明确课程教材开发标准，要求融入思政、"双创"、劳动教育元素、"1+X"职业技能等级标准和产业发展的新技术、新工艺、新规范。"金课堂"项目式教学推广工程，即推广开展国外先进职业教育本土化教学改革，深化课堂改革，突出学生主体作用，真正开展学徒制教学模式，加强学生专业化和针对性训练。

二是开展"六个一"工程。团队专职教师每人精讲一门课程、指导一项创新创意（技能大赛、创业大赛）项目、参与一项教改课题、参与一次企业生产项目，对接一名企业技术人员（企业兼职教师）、提供一次社会技术服务。通过精确的工作任务，确保每个团队建设取得成效，发挥团队应有作用。

三是开展"青蓝工程"。要充分发挥年富力强的骨干教师的引领帮扶作用，精准分析青年教师和骨干指导教师各自的特点，充分了解每位教师的专业与特长、兴趣与爱好、技能与技巧、方法与策略，科学统筹安排好"青蓝工程"师徒帮扶组合，让每个组合都能成为一个和谐融洽、充满生机活力的团队，每位教职员工均能充分发挥其对团队建设的功能，真正实现"1+1>2"的效果。同时，对师徒在学科建设、课程建设、教学组织、教学能力提升等方面都提出了明确具体的要求，并把学科建设、课程建设、教学重任、重大建设项目和服务社会需求等列入考核指标，鼓励教师在学校的提质培优、职教高地建设和当地经济社会发展中展示自己的聪明才智、业务能力和责任担当。

四、强化保障

要使教学团队提质培优取得令人满意的成效，必须坚持问题导向、需求导向、目标导向，着力补短板、激活力、提质量，各学校要拿出务实举措，强化优质保障。

一是要加强组织建设，成立精干的工作机构，明确工作职责。精选有国际视野、有能力水平、有工作干劲的精兵强将来确保此项工作落实推进。特别是作为学校的管理层，一定要真正做到热爱教师，尊重教师，理解教师的辛劳，珍视教师的奉献精神，要经常深入到教师群体中去与教师们谈心谈话，真实掌握他们的顾虑和困难，晓之以理、动之以情，

予以每位教师人文关怀、情感关怀，要想方设法为他们排忧解难。

二是学校要制定省内示范、国内一流的团队建设方案，建立健全教师团队管理制度和激励机制，使广大教师能明晰奋斗目标、努力方向、行动策略，形成公平公正、有为有位的干事创业良好氛围。

三是要落实团队工作责任制，优化团队工作机制。有压力才会有动力，团队的成立就是要提高学校办学水平和人才培养质量，一定要清晰地规定每一个团队的中远期建设目标、任务、要求，把学科建设、课程建设、教学重任、重大建设项目、教学能力提升、学生技能提高和服务社会需求等列入考核指标，每个团队都要按照要求，高质量完成建设任务，只有这样，团队的作用才能凸显，效果才能发挥。同时，要优化团队的工作机制，制度的规范、纪律的严明、管理的和谐、竞争的激励、积极性的调动等，都是一个团队成长壮大的保障，只有建立科学、高效的工作机制，团队才能焕发出更大的生机活力。一定要增强教师团队之间的人员交流、研究合作、资源共享，使团队真正成为一个休戚与共、利益相关的命运共同体，大家齐心协力、愉快合作，在互帮互助中真正实现共同成长、成才、成功。

四是要配套相应的经费支持。加大配套政策和资金支持力度，使每个团队都能心无旁骛、安心、顺心地去开展工作，确保每项政策都能得到贯彻落实。

"教师强，学校兴，国家旺"，教师团队是一所学校安身立命的根本，是学校的根基所在、希望所在、声誉所在、辉煌所在。一所学校开展优秀教师团队的建设工作，有利于形成干事创业的良好氛围，有利于教师专业素质和业务水平的提高，有利于教学质量和工作效率的提高。高职院校必须以建设高素质、结构化、创新型教师教学团队为重要抓手，打造一支在职业教育国际化进程中呈现出高水平的教学团队，确立对全体教职员工有号召力的办学理想和远景目标，使其成为激发团队教师奋斗的方向和动力，感召全体教职员工精诚合作、奋发进取的鲜明旗帜。持续深化教师、教材、教法的"三教"改革，加快学校提质培优、赋能增效，努力办让人民满意的高职教育，为国家的兴旺发展、中华民族的伟大复兴做出更大的贡献。

精准把握职教高地建设的根本遵循

全国上下越来越关注职业教育的提质培优，都争先把职业教育深入发展和提质培优列为重要的工作，相信职业教育将奔向更加美好的前程，必将大有作为。为更好地落实和优化职业教育深入发展，提高提质培优成效，教育部确定在山东等地建设职业教育创新发展高地，探索建立符合新时代中国特色职业教育的办学体系，为全国职业教育高水平、高质量发展提供可借鉴、有导向的经验模式。这是深化职业教育改革、探索构建有时代感、有归属感、有特色优势的职业教育制度和规律的重大举措，为今后的职业教育发展勾画出了宏伟的蓝图，明确了发展的方向，也为职业院校赋予了新的使命和责任。

职业院校必须要发挥教育改革的先锋作用，为中国的职业教育和社会的繁荣发展作出令人信服的贡献。要把这样的战略规划落到实处，制定建设职教高地的路线图、实施图、效果图，我们必须要明晰职教高地建设的核心要义，精准把握职教高地建设的根本遵循，在办学目标、体系构建、产教融合、人才培养、师资队伍建设、服务产业发展和国家发展战略等方面，建设成理念思想深邃、策略方法先进、特色亮点鲜明、成效业绩突出的，具有标志性、示范性、引领性的职教高地。

一、办学目标高标准

《国家职业教育改革实施方案》明确指出："职业教育与普通教育是两种不同的教育类型，具有同等重要的地位。"这一定位，更加明确了职业教育作为教育类型存在和发展的法治基础，具有非常深刻而长远的意义。职业教育要自成类型，真正成为大势所趋、民心所向、社会所需、学生所信的大有发展前景的教育，就必须要有自身的办学目标，因为教育类型不同首先取决于办学目标的独特性，若目标同质化，则无法独立成为一种类型。因此，职业教育要打造职教高地，就一定要准确定位自身的办学目标，科学谋划自身的发展路径，要按照应用型、技术技能型人才培养的特征、要求以及规律、方式开展办学和育人工作，成为与普通教育相比有差异化、有自身独特优势、有鲜明特色的教育类型。职业教育只有自身定位准确、制定科学合理的高标准办学目标，才会在职业教育的发展过程中独树一帜。

职业教育高标准办学目标主要体现为办学理念和教学模式先进、创新、多元；学科和师资上突出精品、精工、精诚；专业建设和课程设置科学、完善、高效；管理机制和服务保障规范、灵活、优质；教学设施和技能培养完备、一流、精湛。职教高地建设，必须要在上述办学目标上下功夫、出实效，才能真正成为职业教育的示范样板、引领表率。

二、体系构建高完备

职业教育要顺应时代需求、产业需求，探索自己的发展路线、模式、特色和前景，形成自身的体系。因为自成体系是类型教育的基本特征，也只有自成体系，才会有自身发展的空间和地位，才会树立起自身的社会认可度和威望。

我国职业教育开始迈向高质量、高水平发展阶段，面对构建新发展格局以及职业教育走上提质培优、增值赋能的快车道等新要求，自成体系就是增强职业教育的针对性，加快构建层次完备、结构优化、类型鲜明、活力四射的高规格、高效率的职业教育体系。

首先，要构建和完备自身的培养体系。若没有自身的、完备的职教培养层次，就谈不上体系，更谈不上高质量。今后的职业教育要在稳步发展，做大做强中职、专科层次的职业教育的基础上，进一步在横向融通、纵向贯通上下功夫，务必构建好本科层次职业教育和专业学位研究生教育的层次教育，延伸和完善人才成长链、供应链、创新链。同时，构建起与普通教育、继续教育等其他教育类型相互沟通、顺畅衔接的培养体系，力争能实现专业、课程互选，学分、学习经历互认，架起学历教育与非学历教育之间的桥梁，打通学校教育和社会教育之间的壁垒，构建信息化、差异化、网络化、终身化的教育体系，最终

实现"个个皆学、时时能学、处处可学"的目标，搭建人才发展成长的"立交桥"。

其次，要完善以职业教育法为统领的现代职业教育制度体系。要建立健全更加科学、完整、系统、高效的职业教育相关制度，明确职业教育作为类型教育的特殊作用，明晰和规范政府、职业学校、行业、企业等主体的责任、权利、义务，明确职业教育办学过程应遵循的基本办学规范，形成格局错落有致、亮点特色鲜明的体制机制，为职业教育发展注入不竭动力，这样更有利于职业教育健康、有序、快速的发展。

最后，是建设精确严谨、动态更新的职业教育标准体系。标准具有基础性、战略性、引领性作用，要把标准化建设作为发展引擎和创新点，健全标准体系，以标准规范办学，以标准优化管理，以标准强抓质量，真正把职业教育办成有标准、有质量、有尊严的特色教育。

三、产教融合高成效

校企合作、产教融合是职业教育的基本办学模式，是办好职业教育的根基所在，是建设职教高地的制胜法宝。职业教育要高质量发展，必须高度重视校企合作、产教融合的落实和优化，尤其是要重视提高校企合作、产教融合的质量。有人说："谁站在了校企合作、产教融合的制高点，谁就站在了赢得未来的前列。"由此可见校企合作、产教融合对于办好职业教育、建设好职教高地的重要性。

开展和深化校企合作、产教融合，有利于整合多方力量，厚植企业承担职业教育责任的社会环境，充分发挥企业及行业支持办学的整体优势；有利于建立健全政府主导、行业指导、企业参与的职业教育办学机制；有利于职业院校直接了解企业的需求，更快且更多地掌握真实生产的新技术、新工艺、新流程，及时调整专业设置、课程设置和教学内容，切实提高人才培养的针对性和适用性；有利于学生在实战中掌握更多更强的人文素养和专业技能，满足企业对技能型人才的稳定需求。

高质量的校企合作、产教融合，能有效构建校企之间相互包容、相互尊重和相互信任的互动关系，建立起互利共赢、共同发展的校企一体化发展机制，能够实现资源共享、优势互补的良好合作态势。高质量的校企合作、产教融合，是做大做强职业教育、决胜职教高地建设的重要途径，是确保职业教育与社会经济发展同频共振、相得益彰的措施，是充

分彰显职业教育面向社会、服务市场、提振能力、造福个人的本质属性的最好体现。

四、人才培养高质量

在实现中华民族伟大复兴的进程中，在职业院校开展高水平、高质量人才培养工作是一项重大政治任务，更是一项责任重大、使命光荣、义不容辞的时代课题，是建设职教高地的属性所在、本质所在、职责所在。

首先，高质量人才是中华民族实现由"富起来"走向"强起来"的精神动力和智力支持。其次，我国进入了供给侧结构性改革、产业升级转型、新兴产业快速发展的关键时期，高职教育理应顺势而为，进入内涵式发展的新征程，加快职业教育高水平、高质量发展，确保高质量的人才培养顺应时代的紧迫需要。最后，职业院校只有为社会培养更多的高质量人才，才能展示其作为教育的重要性。因此，推动高职教育高质量发展，实现高质量的人才培养，是创建职教高地根本和根基所在。

新时代发展对高质量人才有其根本的要求，最重要的两点：一是思想和作风过硬，二是术业有专攻。思想和作风过硬，就是要求职业院校所培养的人，必须担起中华民族伟大复兴的时代责任和历史使命，必须要有深厚的爱国主义情怀，必须胸怀中国特色社会主义共同理想和共产主义的远大理想，必须旗帜鲜明地坚定中国特色社会主义的道路自信、理论自信、制度自信、文化自信，志存高远，开拓创新，埋头苦干，务实进取，有高尚的道德情操，有严明的组织纪律，自觉树立和践行社会主义核心价值观，带头倡导良好的社会风气，要不怕困难、攻坚克难，用聪明的才智、务实的举措、辉煌的业绩成就创造属于自己的人生精彩。术业有专攻，就是职业院校培养的技术技能型人才必须具备过硬的专业知识、娴熟的操作技能、良好的综合分析能力以及强有力的实施运用能力、卓越的创新精神和创造能力，具备行业专家和大国工匠的潜质，是担负各行各业高效执行和圆满完成各项任务的中坚力量。只有这样，职业院校所培养的人才才会被社会所认可和称赞，高职教育才能担起祖国赋予的历史使命，开创职业教育的时代价值；才能彰显职业教育必不可少、不可或缺的重要地位；才会引领职业教育走向更高、更好的发展轨道，打造属于职业教育的发展高地。

五、师资队伍建设高水平

打造高素质、高水平、创新型、结构化的"双师型"教师团队，是确保职业教育高水平、高质量发展的有效举措和制胜法宝，是加快和优化职业教育改革的关键保障。教师要成为"经师""能师""人师"，首先必须要成为行业的专家、职教的能手、学术的楷模，因此每个教师都要自觉地融入行业领域职教领域和学术领域中去历练自己、提升自己。职业院校要制定科学合理的政策机制，主动引进企业、行业的专家、技能大师作为学校的校外兼职教师，参与学校的专业建设和师资队伍的提升，同时要引导和鼓励教师进入不同领域去学习交流，提高自身专业能力，力争使每一个专业或专业群都建成一支"校企双元、专兼结合"的结构化教师教学创新团队。要着力于培育和建设大批思想政治素质过硬、品行操守高尚，具备高超精湛的教学能力、一流的生产一线实践操作能力、卓越的技术技能应用研发实力的教学队伍及教学团队，在确保建成一支年龄结构、职称结构、学历层次和学科结构合理，具有良好发展势头的教师队伍的基础上，落实和推进"三金"工程，搭建校企教学共同体、产学研用协同创新、创新创业孵化、职业培训服务等多个平台，构建全方位、立体式、系统化的"433"创新型教师团队培养体系。力图将每一位校内教师都培育打造成"有思政高度、有专业水平、有企业经验、有职业情怀、有学术品质"的教学能手或教学名师，确保教师们的专业能力和教学水平受到学生和社会的广泛认可，在行业领域和社会活动中具有较高的知名度和广泛的影响力。这样，职教高地才能真正建设好。

六、服务产业发展和国家发展战略高实力

职业教育发展与产业发展是息息相关、相辅相成的命运共同体，职业院校发展是产业发展壮大的助推器，产业发展是职业教育生存、做大做强的优质沃土。职业教育的发展规律启示我们：做大做强职业教育，必须坚持产教研深度融合、必须与科学技术进步相向而行、必须与市场需求精准对接、必须服务和支撑产业发展。

职业教育要打造职教高地，承担起自身的历史使命，既要依托产业发展的支持来助力自身更好的发展，也要充分发挥自身的智力优势、专业优势、技术优势和科研优势，在服务国家战略上、服务产业发展上培养更多的高素质技术技能人才，在服务产业升级、脱贫攻坚、乡村振兴，服务国家"一带一路"倡议以及构建"人类命运共同体"等方面，充分

展示职业教育不可替代、不可或缺的作用，提高职业教育社会美誉度、认可度、依赖度，这样才会在伟大实践中得到检验，得到社会的认可和好评，职业教育才会真正彰显在新的发展阶段的重要地位，职教高地才会实至名归、名副其实。

总之，打造职教高地是当前职业教育政策制定者、理论探索者、实践开拓者的光荣使命和时代课题，它是一项涉及面广、影响因素众多的庞大系统工程，面对职业教育新的发展阶段、新的发展理念、新的发展格局，职业院校必要以更宽的视野、更准的定位、更强的使命，在把握职业教育发展千载难逢的重大机遇中应势而起、顺势而为，统筹谋划、精心设计，科学论证、循序渐进，明晰职教高地建设的方向，精准把握职教高地建设的根本遵循，凝聚共识、形成合力，真抓实干、务实进取，埋头苦干、久久为功，推动每一件工作、每一项任务、每一个环节落地见效，这样才能真正打造属于职业教育的高地，创造属于职业教育的辉煌。

国学经典催人进 红色传承书卷新

加强对高校师生的思想政治引领，坚持用党的科学理论育人培才，是确保社会主义红色江山永不变色、确保党和人民的事业后继有人的重大工程，也是引导青年学生健康成长与成才的有力保证，是高校改革发展与和谐校园建设的力量源泉。

郴州职业技术学院高度重视师生的思想政治工作，积极探索开展高校师生思想政治工作的新举措、新方法，按照"有位、有为、有味"的工作思路，充分利用郴州作为革命老区、红色摇篮的资源优势，把彰显中国传统文化和社会主义核心价值观的国学经典与红色文化进行有机结合，从2016年起创立以"国学经典与红色文化"为主旋律的思想政治教育模式，并在此基础上进一步深化和完善，构建起了"433"思想政治教育引领体系。

一、国学经典与红色文化课堂持之以恒，成效明显

思想政治教育工作不是一蹴而就、立竿见影的，一来必须通过反复的传授引导和修养积累，才会厚积薄发；二来要创新教育理念、内容和方法，要开发更多的参与体验方式，不断提升教育的针对性和实效性。

郴州职业技术学院紧紧抓住"思想"和"政治"这两个关键点，把思想政治教育场所搬到翻转课堂、实践场地、纪念场馆、活动舞台，让师生通过亲身参与体验，去感悟思想政治教育的魅力和感召力。2016年，学校开始探索性地设立国学经典与红色文化课堂，

规定每天上午正式上课前十分钟为国学经典与红色文化学习的固定课堂，每个班由班委会组织国学经典与红色文化的学习，第一节有课的老师也提前十分钟参与组织学习并进行点评，学习内容包括《弟子规》、《三字经》、诗词赋、名言名句、励志故事、红色故事、经典影视等。要求主持的学生提前准备好学习资料，并制作成图文并茂的PPT课件，采用全班诵读经典、学生轮流讲故事的形式学习领悟相关内容。学校成立专门的督查考核组进行考核评价，评选国学经典与红色文化学习先进班级和优秀个人，考核结果纳入学生的综合素质测评等级，同时和老师的师德师风量化考核挂钩。

国学经典课堂由学生自行组织，学生轮流主持，既锻炼了胆量，又提升了演讲、组织等方面的能力。日复一日，持之以恒，学生很喜欢这种形式，深受启发和教育，收效颇丰。每届都有学生表示：在校几年，每学期20周，每周5天，一年约200天的国学经典课堂是自己大学期间最难忘的、收获极大的课堂。国学经典课堂内容高雅向上，形式生动有趣，学生通过课堂学习了很多知识和为人处事的道理，思想认识得到了提升、心灵得到了净化，更难能可贵的是在持之以恒的坚守中提高了自己明辨是非的能力，明白了坚守定会有收获的道理，坚定了对中国优秀传统文化的热爱，深化了为伟大祖国感到骄傲和自豪的炽热之情，增强了为民族复兴而勇于担当的责任感和使命感。

郴州职业技术学院的国学经典与红色文化课堂以润物有恒的坚守、以朴实无华的执着、以感同身受的体验、以生动有趣的方式，不断地为师生"加油补钙"，引导师生把民族魂、爱国心、核心价值观融入血脉，自觉当好传统美德的维护者、核心价值观的践行者、红色家园的守望者、红色血脉的传承者、红色江山的捍卫者。

二、"433"思想政治教育引领体系科学完备，动力十足

郴州职业技术学院在创立国学经典与红色文化课堂思想政治教育模式的基础上，进一步深化和完善思想政治教育的新方法与途径，探索性地构建起了"433"思想政治教育引领体系，即织起"学习网"提素质，优化"参与链"强效果，构建"关爱墙"增活力，完善"考评关"昂斗志。

1. 用好"三个课堂"，织起"学习网"提素质

一是国学经典与红色文化课堂坚持促学。二是规定课堂轮训讲学。充分发挥党校教育

培训主阵地、党性锻炼主渠道作用，学校领导定期开展党课，每学期邀请校外专家、道德模范来校进行宣讲，以身边的真实感人事迹去引导师生，如邀请"半条被子"主人公徐解秀老人的长孙朱分永来校开展主题党课活动，邀请湖南省第六届"向上向善爱岗敬业好青年"、郴州市第一人民医院重症医学科戴新贵博士以《支援黄冈的日子》为题为大学生宣讲抗疫先进事迹。三是网络课堂自助选学。依托学习强国和易班工作站等在线学习平台开展网络学习，要求师生每周至少开展一次实时政治理论学习，阅读一篇文章或进行一次知识答题，达到"学习理论汲力量，砥砺前行践初心"，不断提升师生的见识和思政水平。

2. 落实"三项活动"，优化"参与链"强效果

一是开展"三联系"工作。2021年学校制定和发布了《郴州职业技术学院领导干部和党员开展"三联系"工作管理办法》，要求领导干部和党员要走进教室、宿舍，深入学生之中，了解学生的思想、生活、学习情况，并开展一次主题教育课，组织一次参观红色教育基地活动，引导学生健康快乐地成长成才。

二是开展"校园文化艺术节"活动。一年一度的"校园文化艺术节"活动，都固定开展"传经典、颂美德"国学演绎大赛和"传承红色基因、强国必定有我"红歌大赛，使全校师生在参与活动的过程中，更加深刻地体会到国学经典的博大精深和红色文化的强大生命力。

三是开展"青年志愿服务活动"。学校青年志愿者协会经常组织学生青年志愿者深入交通站点、社区、敬老院、红色基地等场所，开展文明交通劝导、街道美化净化、关心慰问弱势群体、红色革命教育等青春志愿服务活动，使广大师生在亲身参与的活动中增强自身的社会责任感和担当精神。

3. 强化"三种激励"，构建"关爱墙"增活力

一是强化政治激励，使得干有奔头。突出教育教学一线、学生管理一线、重点工作一线，把评先评优与师生的推优入党挂钩，为优秀师生及团队"点赞立传"。

二是强化工作支持，使得干有劲头。大力兴起干事创业的良好氛围，支持师生多干事、干好事，严格容错纠错规程，旗帜鲜明地为敢担当的师生干部撑腰鼓劲。

三是强化待遇保障，使得干有盼头。配套和完善奖惩制度并严格执行、落实到位，认真开展谈心谈话工作，主动对接师生需求，搞好解惑、解压、解难、解困工作，进一步激发教师及团队成员的内心认同感，激发、支持、保护教师们干事创业、担当作为的热情和活力，真正做到留人、留才、留心。

4. 推进"三个考准"，完善"考评关"昂斗志

一是考准德才表现，看政治素质，看是否存在大事、要事中政治站位不高等问题；二是考准综合素质，看现实表现，看是否存在素质短板等问题；三是考准工作实绩，看能力水平，看是否存在担不起重担等问题。多方结合考准综合素质和能力，优先选任"招之能来、来之能战、战之能胜"的师生，打造信念过硬、政治过硬、素质过硬、能力过硬、作风过硬的师生团队。

郴州职业技术学院创立和长期坚守的"国学经典催人进、红色传承书卷新"思想政治教育引领体系，以师生参与体验、拓展实践的方式，用经典启迪人、用真情感染人、用真实打动人，用实践历练人，着力增强了思想政治教育的时代性和感召力。通过几年的实践证明，形成了全校师生"长期受教育，永葆先进性"的长效机制，凝聚了"国学经典催人进、红色传承书卷新"的郴州职院特色，确保了全校师生时刻都拧紧理想信念的"总开关"，筑牢信仰之基、补足精神之钙、把稳思想之舵，全校师生人心思齐，爱岗敬业，顽强拼搏，乐于奉献，为党和人民的教育事业注入了蓬勃生机和强大动力，收到了很好的效果，得到了全校师生和社会各界的高度赞誉，为开创学校工作新局面，为培养党和人民事业的高素质建设者和接班人做出了较大的贡献！